Kolofon

©Mathias Jansson (2015)

"Hajar, selfies och keyboardslöjd– essäer om samtidskonst"

ISBN 978-91-86915-22-3

Utgiven av:

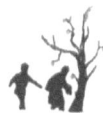 "jag behöver inget förlag"

c/o Mathias Jansson

Tvärvägen 23

232 52 Åkarp

http://mathiasjansson72.blogspot.se/

Tryckt:Lulu.com

Essäerna har tidigare varit publicerade i Tidningen Kulturen.

Innehåll

En resa i tiden med Casper David Friedrich 3

Keyboardslöjd med Raquel Meyers 8

När tavlorna kommer till liv 14

Riva ner och bygga nytt 18

Roman Charity och amning i konsten 24

Från egyptisk gudom till LOL-katt 29

Url-konst – domännamn som konstobjekt 34

Selfies – att jaga jaget i konsten 39

Twitter – ett ständigt flöde av konst 45

Stenar i konsten – en lovsång till grått 51

Bastun i konsten – en värmande historia 57

Fruktansvärt långsam konst 61

Från kärleksförklaringar till Viagrareklam 68

Det där kan min robot göra bättre 74

På vernissage med en avatar 80

En död haj är inte konst 85

Stämpla dina sedlar – aktivism och pengar 90

Godfried Schalcken och spöktavlan 96

En resa i tiden med Casper David Friedrich

Östersjöns vågor äter sig genom berget ute vid Rügens nationalpark Jasmund. Som droppen urholkar vågorna kusten och efter tusentals av år blottlägger de den vita kalkstenen. På de branta bergsväggarna kan man hitta fossiler av havsdjur, stelnade bilder från ett försvunnet urhav. Kvinnan och de två männen står och tittar ner i den djupa tidsbranten som vågorna har gröpt ur. *Kalkklippor i Rügen* tillhör en av de mest kända målningarna av den tyska romantiken Casper David Friedrich. Målningen gjorde han under sin bröllopsresa. Kvinnan i den röda klänningen är hans hustru Christine som han gifte sig med 1818. Mannen med hatt och käpp som ligger på knä och stirrar ner i avgrunden är kanske konstnären själv. Tiden har stannat, som fossiler har människorna på målningen frusit fast i ett ögonblick av tid. Den som reser ut till Rügen med förhoppning om att hitta den exakta platsen för målningen kommer att bli besviken, den finns inte längre. Träd och buskage skymmer sikten och klippornas position stämmer inte med utsikten. Platsen har kanske aldrig funnits utom i konstnärens fantasi. Som många andra landskap av Friedrich består målningen förmodligen av olika utsnitt och perspektiv som sedan har sammanfogats till något nytt. Eller är det helt enkelt bara så, precis som med många andra minnesbilder, att konstverket inte stämmer överens med verkligheten?

Alla minnen, och konstverk för den delen, överlever nu inte tiden. Ett år efter målningen av kalkklipporna i Rügen målar Friedrich *Klosterkyrkogård täckt av snö* (1919). Tavlan förstördes under andra världskriget vid bombningarna av Berlin 1945. Kvar finns bara ett svartvitt foto, även det är en form av fossil, ett ögonblick av tid som fångats av en kamera. Den svenska konstnären Tobias Bernstrup har återskapat målningen utifrån fotot i form av en *fysisk modell*. I videoverket *South of Heaven* (2014) kommer målningen till liv igen och Friedrichs konstverk kan fortsätta sin resa genom tiden genom att byta medium, från målning, till foto till *modell, och video*.

På Hamburgs konsthall hänger en annan av Friedrichs kända målningar *Ishavet* från 1823. Konsthallen invigdes 1869 men även den har slitits hårt av tidens vågor och håller därför stängt till våren 2016 för en omfattande modernisering och renovering. Under tiden visar man i den nya museibyggnaden utställningen *Spot on* med 200 mästerverk ur samlingen. Märkligt nog är det tiden som besökaren möter först i utställningen. Ur en svart högtalare hör man On Kawaras verk *One Million Years (Past/Future)* (2002). Ett ljudverk där en man och en kvinna omväxlande räknar upp vilket år det är...4567, 4568, 4569, 4570, 4571. I en nisch bredvid finns Bogomir Eckers *Dropstensmaskin* (1996). Från museets tak samlas regnvatten in och leds sedan via ett rör ner till en konstgjord stalaktit i konsthallen från vilket vattnet droppar ner på en marmorsten. *Gutta cavat lapidem* som man säger på latin, alltså droppen urholkar stenen. Det är ett gammat talesätt som brukar förtydligas med att droppen inte genom sin kraft utan sin uthållighet urholkar den hårda stenen, precis som havets vågor med tiden gröper ur ett berg.

Rakt framför oss hittar vi Richard Serras platsspecifika verk *Spot On* (1996) som gett namn åt utställningen. En stor svart cirkel på den vita väggen, som ett tidsslukande svart hål suger det in besökaren i utställningen. Innan man kommer till Friedrichs tavla passerar man även ett annat platsspecifikt verk av Serra som handlar om tid, nämligen*Measurements of Time* (1996). Det är en installation som ser ut som fem vågor av bly som i en evighet verkar slå in mot museets vita väggar, precis som vågorna slår in mot Rügens vita kalkklippor. Det är bara i ett konstverk som tiden kan stå stilla.

Äntligen står vi framför målningen *Ishavet* av Casper David Friedrich. Ett berg av is tornar upp sig framför oss. Under ismassorna skymtar vi delarna av ett skepp som krossats av isen. Vi förstår att en katastrof har inträffat. Skeppet har fastnat i ismassorna och krossats av de starka krafterna. I det ogästvänliga och ödsliga landskapet ser vi inga människor. Var det någon som överlevde eller slukades besättningen av det iskalla vattnet precis som Friedrichs bror Johann Christoffer?

Under en skridskotur 1787 när Friedrich var tretton år gammal brister isen plötsligt under hans fötter och han hamnar i det iskalla vattnet. Hans bror Johann Christoffer försöker rädda honom men drunknar under räddningsförsöket. Ett traumatiskt minne som frusit fast i en målning. Ett iskallt hav av is som obarmhärtigt slukar liv.

Vill man se fler av Friedrich tavlor ska man bege sig till Berlin. På väg till andra våningen till Alte Nationalgalerie passerar man ett minnesmonument av marmor. Det är Gottfried Schadows minnesmonument över Alexander von der Mark. Alexander var en oäkta son till kejsaren Friedrich Wilhelm II som bara var åtta år när han dog, året var 1787. 1787? Vilket märkligt sammanträffande, samma år som Friedrich höll på att dö i isvaken. På monumentets framsida ser man en relief där den unga Alexander leds iväg mot dödens port av Chronos. Chronos som symboliserar själva tiden i antik mytologi. Även detta konstverk är ett minne, ett ögonblick av tid som fångats i en vit sten. En sten som med tiden kommer att brytas ner, smulas sönder och blåsas bort som damm av naturens krafter för tiden utplånar allt, inte genom sin styrka utan sin evighet.

På Alte Nationalgalerie finns ett helt galleri med verk av Friedrich. Det är främst målningar av landskap där människor vänder oss ryggen som *Två män vid havet* (1817), *Månuppgång över havet* (1822) eller *Man och kvinna som betraktar månen* (1824). Människor som längtansfullt stirrar mot ljuset i horisonten. Landskap fyllda med religiös mystik och drömmar om att besegra tiden och döden. Att kunna stiga ur tidens ström in i det eviga gudomliga. För även om livet på jorden förändras och nöts ner så kanske finns det en plats efter döden där tiden frusit fast? Där vi fortsätter att leva som ett minne utanför universums tidsväv? För oss icke-troende återstår dock bara förhoppningen om att lura tiden genom att bevara våra minnen som ett konstverk, en fossil eller något annat som kan motstå tidens nötande glömska.

Här tar vi farväl av Friedrich och låter honom fortsätta sin resa genom tiden utan oss. Vågorna fortsätter att slå in mot Rügens kust precis som när Fredrich levde, och på Alte Nationalgalerie hänger målningarna som han skapade för nästan 200 år sedan. Ingenting verkar ha förändrats. Men vi vet att det är en illusion för droppen urholkar som bekant stenen, precis som tiden sopar igen alla spår av liv, inte genom sin kraft utan genom att falla i en evighet.

Keyboardslöjd med Raquel Meyers

Text-tv (eller teletext) fyller 40 år i år. Denna ålderdomliga teknik är fortfarande populär och ligger svenskarna varmt om hjärtat. Nämner man sidor som 100 eller 377 brukar de flesta förstå vad man menar. Denna primitiva texttjänst har överlevt trots många nya bättre tjänster som idag erbjuds på internet, smartphones och surfplattor. Enkelheten och snabbheten är förmodligen det som gjort att text-tv:n fortfarande används efter 40 år. Det var den 23 september 1974 som brittiska BBC började med teletext-sändningar. På våren 1979 fick vi text-tv i Sverige och ett av de första program som text-tv textades var konstprogrammet *Konstverk berättar*. Ett program där Bengt Lagerkvist kåserade kring kända konstverk. Då kunde ingen ana att kopplingen mellan text-tv och konst med tiden skulle utvecklas till en egen konststil som under de senaste åren har fått allt större genomslag och uppmärksamhet.

Raquel Meyers som ursprungligen kommer från Spanien men som de senaste åren har varit verksam i Sverige är en av de ledande teletextkonstnärerna i Sverige. Hon har medverkat på flertalet internationella utställningar och festivaler med teletext och är aktuell under hösten bland annat på Alingsås konsthall i utställningen *Snel Hest*. I år firar hon också tioårsjubileum för sitt samarbete med musikern GOTO80. Tillsammans brukar de uppträda på olika festivaler där GOTO 80 står för musiken, inspirerad av 80-talets datormusik och

Raquel Meyers för det visuella uttrycket, med den typiska pixliga estetiken som kännetecknar teletext. Tillsammans har de skapat ett antal spännande musikvideos med det karaktäristiska ljudet av chipmusik och teletextens kantiga bildvärld. Det är musikvideos som befolkas av pirater, levande hus och en Yeti i en rymdraket.

I den här intervjun berättar Raquel Meyers mer om sitt eget konstnärskap och om teletextkonsten.

Mathias Jansson (MJ): När började du intressera dig för konst och visuella uttryck baserade på teletext, PETSCII och andra äldre textformer?
Raquel Meyers (RM): Runt 2010 då jag kände att jag behövde en ny utmaning efter att under en lång tid skapat pixelgrafik och animationer. Men det skulle vara något fyrkantigt, 2-dimensionellt och brutalt. Så jag började använda textbokstäver istället för pixlar. Jag använde textbaserad grafik som teletext och PETSCII som mitt språk, och för glädjen att arbeta i text-mode.

Båda teknologierna delar rutnätet som ett ramverk och textbokstäver som instruktioner, det är en metod som påminner mycket om handarbete och som jag kallar "Keyboardslöjd". Med betydelsen att man ritar och "slöjdar" genom att skriva. För mig är text-grafik något man skriver in, en dialog med maskinen som sedan översätter det till bilder och animationer med bokstäver. En dialog som sparas som text.

MJ: Det verkar som om intresset för att använda äldre textgrafik hela tiden ökar med utställningar och festivaler. Vad är det som är så fascinerande eller så annorlunda med teletextestetiken som lockar till exempel konstnärer att använda föråldrade tekniker istället för mer samtida grafiska utryck?

RM: Teletext är en utmaning det är inte bara en fråga om estetik eller nostalgi. Jag tror intresset hänger mer ihop med entusiasm än trender. Enkelheten i färger och teckenuppsättning gör att skapandeprocessen blir väldigt rak. Enligt min åsikt har teletext många likheter med brutalismen inom arkitekturen, eftersom text och betong används på samma avskalade och råa sätt. Brutalismen har tyvärr ryktet om sig att uttrycka en rå dystopi och teletext har ryktet om sig att uttryck en nostalgisk känsla. De två har nu mer gemensamt än det råa och det opretentiösa ärliga uttrycket. Den 23 september fyller teletext 40 år, men teletexten uppför sig idag på nya sätt som den inte riktigt var designad för, inte bara som text-tv nyheter i tv-apparaterna.

MJ: Sedan några år tillbaka samarbetar du med GOTO80 som arbetar med chipmusik. Ni producerar musikvideos med teletext och musik inspirerad av gamla datorer. Kan du berätta hur samarbetet började?

RM: Goto80 och jag började arbeta tillsammans 2004 med videoklippet "fantasy", tack vare internet och High Voltage SID Collection. Vi hade så många saker gemensamt och delade så många idéer och koncept med anknytning till musik, konst, teori…och hans musik har alltid varit en inspirationskälla för mig, så vårt samarbete blev helt naturligt. Vi tillhör också demoscenen kring Commodore 64 och ingår i en grupp som kallas *Hack and Trade*. Sedan 2012 har vi varit engagerade i rena text-mode projekt som *2SLEEP1, Animal Romantics, Micomonocon, Datagården, Mind the Volcano!* eller *The Yeti Sound machine*. I år firar vårt samarbete tioårsjubileum men det finns inga planer på en ny video.

MJ: Nyligen arrangerades ITAF14 International Teletext Art Festival i Berlin. Kan du berätta lite mer om festivalen?

RM: Jag har deltagit i ITAF sedan festivalen började 2012. ITAF var inspirerad av 30årsjubileet av teletext i Finland och sedan dess har den varit involverad i ett teletextäventyr precis som jag. Så jag har en mycket speciell relation till festivalen. 2013 fick jag ett hedersomnämnande för *The journey of the sun,* en bildserie som visar hur lågupplöst teletextteknologi kan användas för att berätta historier. Och i år gav ITAF juryn mig det första 'Teletext Art Achievement Award'. Motiveringen till priset löd: "Raquel Meyers was rewarded for her highly elaborated and unique style of her own; her outstanding technical expertise and ability of storytelling through the teletext format. The jury acknowledged especially how teletext art plays an integral role of her overall artistic work including embroidery and old computer technologies."

MJ: Du är även aktuell i utställningen *Snel Hest* på Alingsås konsthall. Kan du berätta lite om ditt bidrag till utställningen?

RM: Mitt bidrag består av en installation som heter *Snel Hest Text-Mode* (2014). Besökaren kan bläddra bland sidorna med en fjärrkontroll precis som på en normal text-tv. Den första delen är en Snel Hest katalog som ger en översikt över projekten och utställningen. Den andra delen visar *Thread of Fate* (2014) där besökaren kan välja sitt öde med hjälp av en teletext-sida och *TELE F.A.T* (2013). Installationen visar även korsstygnsbroderier i teletextstil och en bok med PETSCII och teletextgrafik från projekten *Thread of Fate, The Yeti Sound Machine* och *Fax for Folket*.

MJ: Ditt intresse för teletext har lett till att du har samlat en hel del på teletext och liknande äldre visuella uttryck. Man undrar om det pågår någon forskning inom området och om det finns museer eller liknande som bevarar teletext för eftervärlden?

RM: År 2012 lanserade Goto80 och jag en tumblr http://text-mode.tumblr.com, där vi samlade textgrafik och liknande arbeten, som textilier, BBS-grafik, poesi, mosaik, typgrafi och mycket annat. Fram till idag har vi fått ihop mer än 5000 bilder och samlingen växer fortfarande.

Det finns så många exempel på teletext som *Microtel*, ett teletextprojekt organiserat av Emma Davidson och Paul B. Davis från Lektrolab. http://projects.lektrolab.com/microtel.
Teletext Babez(2000) av Dragan Espenschied och Bodenständig; eller *För Text-TV, i tiden* (2010) av Fredrik Olsson och Otto von Busch, som blandar korsstygnsbroderi med teletext.
Dan Farrimond (vinnaren av ITAF 2014) gjorde en avhandling 2006 om teletext-art och det finns ett teletext-forskningsprojekt av Hallvard Moe (University of Bergen, Norway) och Hilde Van den Bulck (University of Antwerp, Belgium) som kommer inom kort, där jag har bidragit med en artikel om teletext och konst: http://www.teletext-research.eu

I mars 2014 skapade FixC cooperative i samarbete med Yle Finland ett Museum of Teletext Art MUTA, som bland annat består av en permanent teletext-sida i Yle teletext. Alla konstverk som doneras till museet arkiveras också i digital form som en del av Collection of Finnish Electronic art VILKE.

När tavlorna kommer till liv

Tänk att kunna gå in en tavla och uppleva en värld målad för hundra år sedan. Det franska uttrycket "tableau vivant", som betyder levande bild, har sedan romartiden varit ett sätt att bygga upp scener från till exempel kända målningar eller allegorier genom att använda kulisser och levande skådespelare. Under 1900-talet var det filmen som tog över stafettpinnen från teatervärlden. När den japanska filmregissören Akira Kurosawa skapade filmen *Dreams* (1990) utgick han från ett antal drömmar som han själv hade haft. I en av drömsekvenserna möter vi huvudpersonen som besöker en utställning med målningar av Vincent van Gogh. Besökaren vaknar sedan upp bredvid bron Langlois i Arles som är ett känt motiv av van Gogh. Utrustad med penslar, pannå och staffli beger han sig iväg på en vandring genom van Goghs motivvärld i jakt på konstnären själv. En vandring som slutar i motivet *Vetefält med kråkor* som anses vara van Goghs sista målning.

Det pågår ett annat intressant projekt där van Goghs målningar är i fokus. BreakThru Films har som ambition att skapa den första animerade långfilmen helt byggd på konst av van Gogh. *Loving Vincent* är arbetsnamnet på filmen som kommer att berätta historien om van Goghs tragiska liv genom karaktärerna i hans målningar. Det är tänkt att varje bildruta ska vara en oljemålning målad med samma teknik som van Gogh använde. Ett 50-tal konstnärer ska därför jobba med projektet och göra van Goghs bildvärld levande. Det låter förstås lite överambitiöst att göra oljemålningar då man med dagens digitala teknik både snabbare och billigare borde kunna skapa samma effekter i en dator.

En annan film som har lyckats väcka en tavla till liv är *The Mill and the Cross* från 2011 av regissören Lech Majewski. Filmen är inspirerad av Pieter Bruegel den äldres målning *Processionen till Calvary* (1564) (Calvary är ett annat namn på Golgata, platsen där Jesus korsfästes). Tavlan visar ett myllrande landskap med en väderkvarn högst uppe på ett berg i bakgrunden. I förgrunden till höger ser vi Golgata dit Jesus är på väg bärande på sitt kors. Målningen består av ett myller av människor som följer Jesus Golgatavandring och det finns därför många historier och karaktärer som en regissör kan plocka upp och bygga sin historia kring. I filmen får vi också möta konstnären själv som arbetar med den målning som är filmens förlaga.

De sista åren har det framför allt varit dataspel och 3D-animationer som man använt sig av för att återskapa konsthistoriens världar. Begränsningen med film är att betraktaren blir passiv och låst vid ett perspektiv, det vill säga den vinkel som regissören väljer att fokusera på. I ett dataspel eller en 3D-animation kan åskådaren ofta röra sig fritt och utforska bildvärlden på egen hand. De tidigare försöken att skapa interaktiva målningar bestod av ganska enkla 3D-modeller men i och med att tekniken har utvecklats så har det blivit allt enklare att förvandla en 2-dimensionell bild till en detaljrik 3D-värld som man kan gå omkring i. Luca Agnani är en av många 3D-grafiker som arbetat med detta. 2011 skapade han till exempel en animation bestående av tretton av Van Goghs målningar. Fördelen med dagens 3D-program är att de kan räkna ut rörelser, skuggor och ljus på ett trovärdigt sätt. Ett annat exempel på virtuella tavlor är *Cave! Cave! Deus videt* av den italienska gruppen *We Are Müesli*. Det är ett dataspel, eller en visuell roman som de själva säger, baserat på konstverk av den holländska 1500-tals målaren Jheronimus Bosch. Spelat vann nyligen första pris i en tävling utlyst i anknytning till Jheronimus Bosch 500 årsjubileum som äger rum 2016.

On-line världar och dataspel som *Second Life*, *World of Warcraft* och *Americas Army* har under åren lockat många konstnärer att utforska och skapa konst i de virtuella världarna. De senaste åren har *Minecraft* seglat upp som en ny intressant plattform. Organisationen Ars Virtua har under 2014 haft ett Artist-in-Residence i *Minecraft* där en grupp konstnärer haft ett arbetsstipendium för att kunna arbeta med sina konstnärliga projekt i spelet. Ett av de senaste tillskotten vad gäller konst i *Minecraft* står Tate Gallery i London för. I projektet *Tate Worlds* har man bjudit in några av de främsta skaparna av Minecraftvärldar för att återuppbygga kända tavlor från Tates samlingar. *Minecraft* är ett dataspel som lanserades 2011 och som låter spelarna själva bygga och skapa sina egna världar med olika former av block. Det påminner på så sätt om en gigantisk legovärld. Eftersom man kan bygga i princip vad som helst i *Minecraft* finns det många exempel där man byggt kopior av kända byggnader som Berlins riksdagshus, Taj Majhal och Colosseum. I Tate World är det nu målningar som blir virtuella. Hittills har man släppt två världar som man kan ladda ner och installera i *Minecraft*. Det är Andre Derain's målning *The Pool of London* (1906) och Christopher Nevinsons New York målning *Soul of the Soulless City* (1920) som finns tillgängliga. Under 2015 planerar man att släppa ytterligare sex världar eller virtuella tavlor som är gjorda i *Minecraft*.

Riva ner och bygga nytt

I hörnet står en maskin som snurrar ett järnklot runt sin egen axel. Varje gång järnklotet träffar betongväggen i galleriet ryker dammet och murbruk faller ner på golvet. Som en rivningsmaskin gröper Liz Larners *Hörnkrossare* (1988) sig in i väggen. Den verkar gå loss på själva konstinstitutionens arkitektur. *Hörnkrossaren* får mig att tänka på August Strindbergs dikt *Esplanadsystemet* som avslutas med raderna:

-- *"Ha! Tidens sed: att riva hus!*
Men bygga upp? -- Det är förskräckligt~"
-- *"Här rivs för att få luft och ljus;*
är kanske inte det tillräckligt?"

I modernismens idévärld hittar man tanken på att man måste riva det gamla, mörka och unkna för att ge plats för det nya och fräscha både inom konsten och stadsplaneringen. Furturisterna uttryckte det i sitt manifest på sitt vanlig drastiska och osentimentala sätt: "Vi vill förstöra museerna, biblioteken, akademier, av alla slag..." Inom modernismen finns det därför många destruktiva drag och under 50-talet fick den destruktiva konsten ett stort uppsving. En förklaring var att efter andra världskriget befann sig Ryssland och USA i en kapprustning där hotet om ett kärnvapenkrig som skulle ödelägga hela världen fick konstnärer att börja intressera sig för de mörka delarna av den mänskliga destruktionen.

Det var i kölvattnet av det kalla kriget som det också dök upp en hel del självdestruktiv konst. En av Jean Tinguelys mest kända kinetiska skulpturer var en självförstörande skulptur med namnet *Homage to New York* (1960) som efter att ha varit igång ett tag började brinna och förstörde sig själv. I Tinguelys verk *Study for an End of the World No. 2* (1962) tog han steget fullt ut och sprängde helt enkelt konstverket i luften. År 1966 anordnade Raphael Montañez Ortiz *Duncan Terrace Piano Destruction Concert* där han misshandlade och högg sönder ett piano så att det skapades en utdragen dödsaria av musik. Det verkar som om det finns ett djupt mänskligt behov av att förstöra saker, en slags fascination för destruktiv kreativitet. Redan som små barn verkar vi lysa vi upp när vi raserar ett torn som någon annan har byggt upp.

Att konstnärer slår sönder saker eller förkastar gamla tiders konstformer för att skapa ny konst kan för vissa personer vara så upprörande och provocerande att de själva blir tvungna att förstöra konst. Enskilda konstvandaler som stormar in på konstmuseum och knivhugger eller kastar färg på konstverken finns det en del exempel på. Värre blir det när stater eller grupper av fanatiker som nazister eller talibaner bestämmer sig för att förstöra konst som man ogillar. Nu kan man förstås fråga sig vad är skillnaden på nazister som förstör konst och futuristerna som skriker att det ska bränna ner alla konstmuseum? Futuristerna var dessutom väldigt fascinerade av fascisterna. Skillnaden ligger väl i att fascisterna och nazisterna inte var imponerade av futuristernas konst. När futuristerna ville bränna och förstöra det gamla så ville man istället skapa något nytt och revolutionerande inom konsten. Man ville riva ner för att göra plats för framtidens konst, medan nazisterna och fascisterna bara ville rensa ut all konst som man ogillade, det vill säga den moderna konsten, och istället återgå till en konservativ och reaktionär konstsyn.

I konstsystemet finns det ett inbyggt behov av att bryta helt med det gamla. Det är egentligen ett sundhetstecken att konsten hela tiden vill bryta ny mark och komma vidare i utvecklingen och inte stagnera. Men även om man river ner och förkastar allt det gamla så brukar den äldre konsten leva kvar som olika lager i jorden som man alltid kan gräva upp och återanvända när det passar. Brottet mellan det nya och det gamla kan bli ganska hårt och brutalt. Ibland måste uppbrottet till och med ske med våld. Det kan behövas att man rent fysiskt går in och ödelägger konstinstitutionens arkitektur. Precis som i Liz Larners verk *Hörnkrossare* så kan det behövas en järnkula som slår hål på väggarna i den gamla arkitekturen för att nytt ljus ska kunna komma in i konstvärlden.

Chris Burdens verk *Samson* (1985) kan inordnas i kategorin självdestruktiva konstverk eller mer specifikt ett konstverk som inte bara förstör sig själv utan även rummet det befinner sig i. *Samson* som lånat sitt namn efter den bibliska hjälten består av en domkraft monterad mellan två stora bjälkar som pressas mot varsin vägg. Besökaren måste passera genom ett vändkors för att komma till utställningen och varje gång någon passerar vändkorset spänns domkraften och om det kommer tillräckligt många besökare kommer domkraften att pressa bjälkarna mot väggarna så att de rasar. I den bibliska mytologin raserar Samson ett tempel genom att med sin styrka rubba två pelare så hela templet rasade över honom.

Samsons stordåd blir också hans död på samma sätt som Burdens utställning kollapsar om den blir en succé. Det är som om Burden vill säga att om konsten blir för populär och för uppskattad då har den spelat ut sin roll som konstverk och då är det egentligen bara att trycka på självdestruktionsknappen och börja om på nytt.

Konsten måste ständigt vara nyfiken precis som den robot som Petra Gemeinboeck och Rob Saunders byggde 2012 och monterade på baksidan av galleriets vägg. Nyfikenheten hos roboten gestaltades genom att den gjorde hål i väggen för att kunna se vad som fanns bakom den. Besökarnas färggranna kläder var något som roboten uppskattade, och fungerade som ett belöningssystem för att upptäcka mer. Man kan också se det som att besökarna blev konstupplevelsen för roboten. Allt eftersom utställningen pågick så blev väggen allt mer perforerad eller förstörd om man såg det från galleriets synvinkel. Roboten betedde sig som ett nyfiket barn som pillar bort bitar av en tapet för att se vad som finns bakom. Nyfikenheten att se vad som finns bakom, att utforska det förbjudna eller det okända har alltid varit en viktig del av konsten.

Ett annat lekfullt sätt att förstöra ett galleri på är den tyska konstnären Gregor Gaidas aluminiumskulpturer av två pojkar ett exempel på. De två pojkarna står hukade på varsin sida av galleriet. Mellan dem löper en djup fåra i golvet. Pojkarna har använt ett vass verktyg för att gröpa ur en linje mellan sig i galleriets golv. De tänker sig inte för att de förstör golvet utan har fått en idé som de genomför utan tanke på konsekvenserna vilket också är något som kan karaktärisera konsten.

Urs Fischers konstverk *You* (2007) är nu inget pojkstreck utan här har konstnären bokstavligen grävt ut hela galleriet. Det som besökaren möter i utställningsrummet är en djup krater som man besöker på egen risk. En varningsskylt vid entrén förkunnar att inträde sker på egen risk och kan leda till allvarlig skada eller död. Man kan gå runt kratern på det som en gång var galleriets betonggolv eller våghalsigt klättra ner. Fischer verkar ha förstört galleriet och gjort det omöjligt att ställa ut konst genom att bila upp golvet och frakta bort en massa jord. Detta jordkonstverk anknyter nu till andra jordverk som konstnärer som Gordon Matta-Clark och Robert Smithson skapade inomhus på 60-talet. Man kan leka med tanken att all den jord som Fischer grävde upp från galleriet så småningom hamnade på Louisiana konstmuseum där den danska konstnären Olaufur Eliasson i sin tur fyllde museet med jord för att skapa en flodbädd inomhus. På sätt och vis förstör Eliasson museets funktion genom att fylla golvet med jord och sten och skapa ett inomhuslandskap.

Inte ens i den virtuella världen undgår konstinstitutionerna att bli utsatta för förstörelse. I mitten av 90-talet var det populärt hos en del konstnärer att använda dataspel för att göra konst. Ett sätt var att använda kommersiella dataspel och ändra dem så de fick en konstnärlig inramning. Tobias Bernstrup, Palle Torsson med flera byggde till exempel upp kända konstmuseum virtuellt i dataspelen och lät sedan spelare springa omkring i de virtuella museerna, som

Moderna Museet i Stockholm eller Arken museum för samtidskonst utanför Köpenhamn, och skjuta på konst och monster. I spelen blev det ett våldsamt möte mellan populärkulturens estetik och den etablerade konstscenen som resulterad i en allmän ödeläggelse av konstinstitutionen.

Mötet mellan populärkulturens destruktiva sidor och konstrummet är något som Mike Nelson också tagit fasta på. I verket *To the Memory of H.P. Lovecraft* (1999) knyter Nelson an till skräckmästaren Lovecrafts Cthulhu-legender. Nelson har utgått från den vita kuben, de vitmålade rummen i galleriet, men där någon omänsklig varelse verkar har härjat runt och gnagt på hörnen, lämnat djupa hål och långa rivmärken på väggarna. Det är kanske någon av de muterade monster som man kan hitta i dataspelsvärlden som sluppit ut och som smyger omkring i galleriet när mörkret faller och förstör det?

Drivkraften att skapa något nytt har alltid varit stark hos konstnärerna, men det är kanske också som konstteoretikern Rosalind Krauss har skrivit: "Att om inget kan skapas, måste någonting förstöras." eller med Strindbergs tankar: Ibland måste man riva ner det gamla för att få ljus, luft och plats till det nya. Vad kan då vara bättre än att riva ner själva konstinstitutionen för att få plats med den nya konsten?"

Roman Charity och amning i konsten

Den gamla mannen suger girigt på den unga kvinnans fasta bröst. Motivet med sina erotiska undertoner lockade många konstnärer under 1600- och 1700-talet. Peter Paul Rubens målning av *Roman Charity*, på svenska ungefär romersk välgörenhet, hör till en av de mest kända versionerna. Motivet bygger på en romersk legend om en kvinna som hette Pero, vars far Cimon blivit fängslad av romarna och dömd att svälta ihjäl. Dottern som nyligen fött ett barn besöker fadern, men eftersom hon inte kan smuggla in någon mat ammar hon sin far så han inte ska svälta ihjäl. Dottern blir påkommen av vakterna men hennes osjälviska handling belönas och både hon och fadern benådas. Eftersom det även finns en version där dottern ammar sin fängslade moder kan man anta att fadersversionen vunnit gehör hos de manliga konstnärerna inte bara på grund av dotterns osjälviska handling utan också för att motivet med far och dotter innehåller en del erotiska undertoner. Det är kanske inte så underligt att berättelsen om *Roman Charity* uppstår i Rom. Här hittar man en stark tradition med amning som motiv. Staden grundades enligt legenden av tvillingparet Romulus och Remus som oftast avbildades diande den kapitolinska varginnan. I den romerska mytologin kan man också hitta myten om hur gudinnan Juno ammar den vuxna Herkules. Amningen har i historien betraktats som något livgivande, vårdande och omhändertagande.

Idag har amning blivit något kontroversiellt. Att amma offentligt ses med oblida ögon i många länder och även i

Sverige kan det väcka ett ramaskri att sitta och amma på ett café. Det är lätt att föreställa sig att det skulle kunna vara ett arv från kristendomens moraliska pekpinnar. Att kvinnor inte ska visa sina bröst offentligt, men ser man till konsthistorien finns det tvärtom en stor acceptans för kvinnor som ammar sina barn. Att Jesus mamma visar sitt bröst när hon sitter och ammar Jesusbarnet verkar ingen har reagerat på. Kända konstnärer som Hans Memling, Leonardo da Vinci och många fler har målat ammande madonnor som om det var hur naturligt som helst. Även i det som kallas genremåleri, det vill säga konst med vardagliga motiv, är det vanligt att ammande mödrar avbildas i konsthistorien, som den holländska 1600-talsmålaren Pieter de Grebbers stilfulla porträtt av en moder som läser en bok medan hon ammar sitt barn. Idag har det uppstått en form av dubbelmoral och hopblandning när det gäller amningen. Kvinnans bröst har blivit så starkt sexualiserade genom reklam, film och andra medier, så att när vissa människor ser ett barn som ammas så verkar man ha svårt att skilja på ett uråldrigt och naturligt näringsintag hos ett spädbarn och en sexuell handling när en vuxen människa suger på ett kvinnobröst.

Förutom motivet *Roman Charity* finns det i konsthistorien ett annat liknande motiv som är värt att nämna. Det är legenden om Bernhard av Clairvaux, en fransk abbot som levde på 1000-talet. Han ska enligt legenden fått en vision där han fick smaka mjölk från jungfru Marias bröst. Legenden finns avbildad i många variationer i konsthistorien. I Alonso Canos målning *Den mirakulösa amningen av Sant Bernhard* (ca.

1650) ser vi en staty av Jungfru Maria med Jesusbarnet i sin famn framme vid kyrkans altare som plötsligt blivit levande. Från jungfruns bröst sprutar en lång stråle mjölk ner i den knäböjande Sankt Bernhards mun. Mjölken fyller honom med visdom och blir början på ett andligt uppvaknande där jungfrun framstår som världens urmoder. Bröstmjölken som en flödande livskraft är också något som Frida Kahlo knyter an till i målningen *My Nurse and I or Me Suckling* (1937). I målningen ser man konstnären som ligger som ett barn med en vuxens ansikte amma sin amma. Bröstet visas i genomskärning så nätverket av mjölkkörtlar avbildas på ett anatomiskt korrekt sätt. Bröstmjölken blir en symbol för den livsgivande kraften som binder ihop mödrar och deras barn över generationerna.

Inom samtidskonsten finns det några exempel på hur motivet *Roman Charity* har tolkats. Den turkiska konstnären Ferhat Özgür har utgått från myten om Cimon och Pero i ett videoverk från 2011. I installationen med video och foto ser man en kvinna i röd klänning som ammar en fängslad man. Medan man i Özgürs tolkning av motivet hittar den ursprungliga tanken med den osjälviska handlingen satt i en politisk kontext, så har den ryska fotografen Max Sauco snarare tagit fasta på det erotiska i situationen. Hans foto av Cimon och Pero påminner om ett reklamfoto. I den här versionen ser vi den unga havande Pero som med en sängkammarblick tittar in i kameran medan mjölken flödigt rinner från hennes bröst ner i munnen på den fängslade äldre mannen som ligger vid hennes sida. En tredje version av motivet hittar vi på ett foto från 2011 som prydde omslaget till magasinet Visionarie. På bilden ser vi performancekonstnären Marina Abramovic som ammar den italienska modedesignern Riccardo Tisci. Tisci var gästredaktör för ett specialnummer som handlade om religion och när man ser fotot tänker man i första hand på en kombination av en ammande madonna och ett pietamotiv där madonna håller den döda vuxna Jesus i sitt knä, men även myten om Cimon och Pero dyker upp i bakhuvudet. Abramovic och Tisci hade före fotograferingen samarbetat i olika sammanhang och bilden kan ses som en symbios mellan konst och mode. Där konsten ammar modevärlden med nya idéer och koncept i en tid då gränserna mellan konst och mode håller på att bli allt mer otydlig.

När man talar om amning i konsten kan man inte låta bli att nämna ett motiv som för sin tid förmodligen var väldigt stigmatiserat medan man idag förhoppningsvis kan se på det med större förståelse och tolerans. Den franska barockmålaren Jusepe de Ribera målade 1631 ett helbildsporträtt av Magdalena Ventura ammande sitt barn medan hennes man står i bakgrunden. Magdalena Ventura led nu av ett tillstånd som ledde till att hon utvecklade kraftig manlig kroppsbehåring. Tavlan har därför fått titeln *Skäggiga damen*. I avsaknad av tydliga feminina ansiktsdrag och att bröstet rent ergonomiskt är så tafligt målat så tror man först att bilden visar två män där den ena står och ammar ett barn. Så är nu inte fallet utan motivet visar en trebarnsmor med en avvikande kroppsbehåring, ett sjukdomstillstånd som under historien har exploaterats på freakshows. Detta könsöverskridande verk känns väldigt aktuellt med tanke på att vi idag ser familjesammansättningar med föräldrar av samma kön eller andra könsöverskridande och könsifrågasättande konstellationer.

Inom samtidskonsten kan man inte säga att amning tillhör någon större motivkrets eller något som konstnärer diskuterar eller gestaltar i större utsträckning. Istället verkar det vara inom populärkulturens bildvärld som man hittar amningen som ett motiv. Det är stjärnor inom film-, musik- och modebranschen som Natalia Vodianova, Angelina Jolie, Miranda Kerr och andra som avbildas ammande på tidskriftsomslag, Instagramkonton och sociala medier. Det verkar som om populärkulturens ikoner har fått ersätta den ammande madonnan när det gäller att gestalta amning som ett naturligt inslag i livet och vår samtida bildvärld.

Från egyptisk gudom till LOL-katt

I mitt Facebook flöde återkommer de hela tiden. Dessa gulliga, roliga och knasiga katter som i videoklipp efter videoklipp gömmer sig i kartonger, brottar ner småbarn, gör spektakulära volter i luften och åker på robotdammsugare. De forntida egyptierna, dessa kattälskande människor, som ansåg att katten vara så helig att den hade en egen gudom, skulle förmodligen älskat att leva i internetkattens tidsålder. För när vi i framtiden summerar internets betydelse och inverkan på mänskligheten är jag säker på att kattvideos kommer att vara en av de saker som man lyfter fram. 'LOLcats', 'Grumpy katt', 'Nyan katt' och 'Keyboard katt' kommer att vara begrepp som man hittar i uppslagsverken bredvid den forntida egyptiska kattguden Bastet.

Katten har följt mänskligheten från forntida civilisationer till dagens digitala värld och har naturligtvis satt sina avtryck även i konsthistorien. Katten i konsthistorien verkar för det mest smyga omkring i bakgrunden eller ha för ovana att dyka upp och förstöra motivet. På Édouard Manets målning av *Olympia* (1863), som visar en naken vit kvinna utsträckt på en schäslong med en svart tjänarinna med en bukett blommor i bakgrunden, har en svart katt precis hoppat upp i målningens högra hörn. Det är som om Manet hade arrangerat den perfekta bilden men så precis när han ska avbilda motivet så hoppar en katt in i bilden utan att konstnären märker det. Under 1500- och 1600-talet var det modernt att måla matstilleben som bestod av arrangemang av frukt, bröd, kött och fisk. Då verkar det som om att det kunde ha varit extra besvärligt att ha en katt i sin ateljé. På Frans Snyders stilleben från 1620 ser vi hur en katt smugit sig in i motivet för att försöka dra med sig en höna från bordets dignande läckerheter. Samma problem har Pierre Vincent, för i hans stilleben från 1790 ertappas en katt med en skogsfågel i munnen. Stilleben med fisk verkar av naturliga orsaker haft en speciell lockelse på katter. I den holländska 1600-tals målaren Clara Peeters stilleben av karp i ett keramiksåll har en katt hoppat upp på bordet och slagit klorna i en fisk på bordet.

Den holländska 1600-talsmålaren Jan Steen avbildade vanliga människor i glädje och fest. I en del av hans målningar hittar man också en katt i bilden. Att katten dyker upp i Steens målningar beror på att det var ett vanligt husdjur under den här tiden som människor skaffade av praktiska skäl. Katter höll nämligen efter möss och råttor som kunde ställa till stor skada på mat och egendom. Man hittar därför katter både i interiörer från bondgårdar till sängkammaren hos överklassen. Katten blev med tiden också ett kärt sällskapsdjur och då som nu var det populärt att avbilda barn med katter. Judith Leyster målade redan 1629 två busiga barn som håller i en kattunge. Några hundra år senare gör Pierre Bonnard en målning med en liten flicka med röda rosetter som sitter och klappar en katt vid matbordet. Katter och barn verkar vara ett universellt motiv i konsthistorien. Även när Paul Gauguin var i Tahiti lyckades han hitta en flicka med en katt. I målningen *Kvinna med två barn* (1901) ser vi nämligen en flicka som bär en katt i famnen. Konstnären Balthaus har också gjort sig känd för att måla av barn och katter. I en serie målningar av Balthaus ser vi en ung kvinna som sitter i olika konstiga positioner, många med erotiska undertoner och Lolitavarning. Flickan hette Thérèse Blanchard och var granne till konstnären i Paris. Thérèse hade en katt som oftast lyckas komma med i bakgrunden av målningarna. Även om katten förekommer på många ställen i konsthistorien så dyker den ofta upp i periferin eller som något passivt som man kelar med medan man blir avporträtterad.

När katten dyker upp i samtidskonsten är det egentligen via populärkulturen och via virala kattvideos. När det runt om i världen börjar arrangeras filmfestivaler med internet kattvideos då vet man att kattvideos är ett stort fenomen. Walker Art Center i Minneapolis arrangerade 2012 en festival med kattvideos och 2014 arrangerades Stockholm Internet Cat Video Festival. En av de konstnärer som tidigt intresserade sig för trenden med kattvideos var Cory Arcangel som i verket *Drei Klavierstuke* har återskapat Arnold Schönbergs atonala verk *op. 11 Drei Klavierstücke* från 1909. Arcangel gjorde tre videoverk, ett för varje piano i musikverket, genom att klippa ihop kattvideos från bland annat YouTube med katter som spelar piano. Arcangel var nu inte först med att skapa kattvideos utan Chris Markers video *Chat écoutant la musique* från 1990 är en föregångare. Det är en video på tre minuter som visar en katt som ligger och sover på ett piano medan pianomusik spelas i bakgrunden.

I populärkulturen intar *Keyboard Cat* en särställning när det gäller pianospelande katter. Videon skapades 2009 och visar amerikanen Charlie Schmidts katt "Fatso", som spelar på en elektrisk synth. Videon fick snabbt stor spridning i sociala medier och har även fått genomslag i kultur och media. När det gäller kattens popularitet på nätet så är ordet "rolig" ett nyckelord. Det är till stor del roliga kattklipp som produceras och sprids. Även i konsthistorien kan man hitta roliga kattmotiv. Förutom redan nämnda stilleben med katter som hoppar upp på bordet för att smaka på fisk eller stjäla med sig en fågel så är Abraham Teniers målning *Frisörsalong med apor och katter* från 1600-talet ett bra exempel. Målningen visar en frisörsalong där katter blir klippta och rakade av apor och skulle idag likaväl som att hänga på ett konstmuseum kunna spridas på nätet i samma kategorier av kattbilder som man hittar på hemsidan fatcatart.ru. Fat Cat Art är en hemsida som består av kända konstverk ur konsthistorien där man photoshoppat in en tjock katt i famnen på till exempel Mona Lisa eller i Gustav Klimts målning *Kyssen*.

Tyvärr verkar det inte vara många som tar katten på allvar i dagens konst. Att katten är en skicklig jägare och släkt med respektingivande kattdjur som lejon och tigrar verkar ingen komma ihåg. De forntida egyptierna skulle förmodligen efter att sett ett par kattvideoklipp på nätet blivit bestörta över hur vi föringat deras kattgudom till en LOLCat, det vill säga en katt som alla/man skrattar åt. Jag brukar säga att om Jeff Koons har gjort konst av något så är det med största sannolikhet att betrakta som kitsch. Eftersom Koons skapat den färggranna skulpturen *Cat on a Clothesline* (1994) som visar en söt kattunge som hänger i en blå strumpa på ett klädsträck mellan två stora blommor så kan man nog fastställa att katten är har blivit kitsch i konsten. Turnerpristagaren David Shrigleys skulptur med en uppstoppad katt som håller i en skylt med texten "jag är död" från 2007 och konstnärsgruppen 0100101110101101.org skulptur *Catt* från 2010 är talande exempel på hur katten behandlas i samtidskonsten. Skulpturen *Catt* ställdes ut som ett äkta verk av Maurice Cattelan, men var egentligen en förfalskning där förlagan var en av alla de LOLCat som finns på nätet. *Catt* består av en fågelbur där en katt sitter inspärrad medan den gula kanariefågeln sitter ovanpå buren. På internet kan man hitta samma motiv med olika satiriska texter "Epic fail". I båda verken kan man inte låta bli att le åt det humoristiska och det roliga i kattmotivet. Den uppstoppade katten som bär omkring med en skylt som förkunnar att han är död och katten som själv blir fångad i fågelburen när den försökte fånga kanariefågeln. Naturligtvis älskar vi alla dessa bilder och klipp av roliga katter på nätet men vi har också svårt att ta katter på allvar. De blir underhållning, en slit och släng vara som dyker upp i våra sociala flöden för att roa oss. Kanske är det också förklaringen till att det i mitt Facebookflöde ständigt dyker upp uppmaningar från vänner och olika organisationer att ta hand om alla de hemlösa och övergivna katter som finns i vårt samhälle.

Url-konst – domännamn som konstobjekt

Här är det, konstverket: *www.theurlistheartwork.com*. Ett domännamn från 2009, registrerat av den svenske konstnären Anders Weberg. En adress som säger att den här webbadressen är ett konstverk. Kan det bli enklare? Utan en webbadress blir det inget konstverk, å andra sidan behövs det bara ett domännamn för att skapa ett konstverk.

Ännu ett konstverk av Anders Weberg (från 2010) är: *www.thissiteisnotavailableinyourcountry.com*. Ett domännamn som säger att den här sidan är inte tillgänglig i ditt land. För Anders Weberg handlar konstverket om frihet på Internet. Vi tar det som en självklarhet att informationen finns fritt tillgänglig på Internet, men i många länder är det inte så, utan vissa sidor och tjänster är spärrade. Inte ens i västvärlden är Internet alltid fritt. Kanske har du försökt att titta på ett YouTube-klipp eller besökt en utländsk tv-kanals hemsida och mötts av meddelandet "Klippet är inte tillgängligt i ditt land". De verkliga landgränserna som så länge har varit utsuddade i cyberrymden börjar långsamt bli synliga igen när upphovsrätt och kommersiella krafter bli allt mer påtagliga och på olika sätt begränsar tillgången till information.

På en viktig punkt skiljer sig url-konsten från övrig nätkonst. Nästan all nätkonst som finns på Internet går att kopiera och sprida eftersom det rör sig om digitala konstverk. Det finns dock en sak som man inte kan kopiera, och det är själva domännamnet. Url:en är unik och finns bara i ett exemplar.

Därför är den också värd sin vikt i guld. För till exempel företag gäller det att registrera rätt domännamn så att besökarna hittar till hemsidan, men även att behålla adressen så det inte faller i fel händer. Att få sin domän kapad när man glömt betalt påminnelsen och sedan se hur hemsidan blir ersatt av en länksamling med suspekt reklam har drabbat många.

Anders Weberg råkade ut för det förra året. Hans domän *andersweberg.com* hamnade i händerna på någon annan. Det finns nu inte så mycket man kan göra åt detta, som konstnär kan man förstås alltid gör ett konstprojekt av händelsen. Weberg har regelbundet besökt sin före detta hemsida och tagit skärmdumpar av sidan för att följa utvecklingen. Tanken är att bilderna längre fram ska ingå i ett konstprojekt.

I url-verket *canyoubelievethisdomainwasavailable.com* av den amerikanske konstnären David Kraftsow hamnar besökaren på en sida som helt enkelt har texten "Kan du fatta att den här domänen var ledig?" Ja, måste nog svaret bli, för vem utan en konstnär skulle vilja registrera ett sådan långt och krångligt domännamn? Ett domännamn får nu vara max 63 tecken långt, men de flesta är ute efter att registrera ett så kort och enkelt namn som möjligt som dessutom är lätt att stava till. Konstnären Evan Roth har problematiserat vårt behov av enkla domännamn och hans url-konstverk har därför fått den nästan omöjliga adressen *asdflkjhasdflkjhasdflkjhasdflkjhasdflkjhasdflkjhasdflkj. com*.

Förutom att vara en hemsida finns verket också som en performance. I ett videoklipp på Vimeo kan man se hur konstnären skriver in själva webbadressen och blir rikligt belönad när han lyckas med konststycket. Naturligtvis skulle man kunna kopiera webbadressen eller bara klicka på länken, men då missar man en viktig aspekt av Roths verk, som är själva processen att skriva in adressen och samtidigt försöka undvika alla fallgropar längs vägen. För att slinta på tangentbordet och hamna på en hemsida som man aldrig tidigare besökt, är också en del av Internets vardag.

Den franska nätkonstnären som kallar sig Sumoto.iki har skapat verket *lrntrlln.org/p/thisisart/*. Ett verk som påminner om Anders Webergs verk *theurlistheartwork.com*. Url:en går till en hemsida där det står med svart text på vit botten: "Det här är en nätkonstsida. Klicka överallt." När man sedan klickar på texten ändras den till olika varianter på inledningstexten: Det här en digitalkonstsida, ... en cyberkonstsida,...en Neen-sida. Att Sumoto.iki nämner Neen är intressant i sammanhanget, för om man ska försöka hitta ett ursprung till url-konsten så utgör konstnären Miltos Manetas och hans Neenmanifest en viktig startpunkt. Ett Neenverk består enligt Manetas av ett nätbaserat konstverk där varje konstverk har ett unikt domännamn. Det betyder att när man köper ett Neen-konstverk så köper man domänen med konstverket. På så sätt har konstnären på ett smidigt sätt löst problemet med att nätbaserad konst är väldigt lätt att kopiera och sprida. För det är ju en väldigt stor skillnad att äga en exakt kopia av Mona Lisa utan signatur och ett original signerat av da Vinci.

På samma sätt fungerar det med Neen-konst, det är inga problem att skapa en exakt kopia av konstverket och lägga det på sin egen hårddisk eller på Internet, men det är bara när du också äger domänen som du har tillgång till originalet.

Den holländska konstnären Rafaël Rozendaal, som under 2011 publicerade boken *Domain Names 2010-2001* som innehåller runt 60 domännamn som konstnären har registrerat de senaste tio åren och där varje domännamn representerar ett unikt konstverk, har också tagit fram ett speciellt kontrakt som konstnärer kan använda sig av när de säljer domännamn med konstverk. Kontraktet hittar man på adressen *www.artwebsitesalescontract.com*.

I en essä från 2004 slår Manetas fast att hemsidor idag utgör de mest radikala och mest betydelsefulla konstobjekten. Bland Manetas många webbaserad konstobjekt hittar man till exempel verket *www.kosuth.com* från 2006 som består av en hemsida där det står (This is not a Joseph Kosuth). Konceptkonstnären Joseph Kosuth är bland annat känd för verket *One And Three Chairs* från 1965 där Kosuth ställde ut en riktig stol, ett foto i naturlig storlek av stolen och en uppförstorad text från en uppslagsbok med ordet stol. Kosuth ville visa och problematisera begreppet stol som kan vara flera olika saker: en riktig stol, en bild av en stol och en text om en stol. Förutom konceptkonsten anspelar Manetas i sitt verk på René Magrittes kända målning *Ceci n'est pas une pipe*. År 1929 målade Magritte en tavla föreställande en pipa och under pipan skrev han "Det här är ingen pipa". Manetas har i sin tur skapat en webbadress som säger att den leder till en hemsida om Kosuth, men skriver under domännamnet att det här inte är Joseph Kosuth, vilket stämmer, hemsidan är ju ett konstverk av Manetas och inte av Kosuth. I Magrittes fall är det egentligen ingen pipa på målningen, det är bara en bild av en pipa och om du inte är övertygad av det argumentet kan du alltid försöka röka pipan på målningen.

Hos arvtagarna till Neen kan man nämna den holländska konstnären Constant Dullart som har skapat verket *http://readymades.net/*. En sida med länkar till readymade-domäner. Marcel Duchamp skapade under 1910-talet olika readymades i form av flasktorkare, cykelhjul och urinoarer, som han signerade och ställde ut som konst. Dullart har valt ut ett antal registrerade färdiga domännamn som han ställer ut som konstverk. Många av domänerna som Dullart använder är inte aktiva eller så innehåller de suspekt reklam, vilket är i linje med Duchamps idéer. Det är de vanliga, massproducerade, lite frånstötande föremålen som en urinoar eller en länksamling med reklam, som lyfts fram och utses till ett konstverk. Både Duchamp, Kosuth och Magritte är viktiga förgrundsgestalter för url-konsten och vill man söka efter url-konsten konsthistoriska rötter ska man alltså vända sig till dadaismen och konceptkonsten. Här hittar man konstnärer som undersöker gränslandet mellan konst och icke-konst och där texten och språket har varit en viktig grund för konstverken. För url-konst är i grunden något så vardagligt och anspråkslöst som ett domännamn, en textsträng, som det finns miljarder av på Internet, som blir ett konstverk.

Selfies – att jaga jaget i konsten

Om Narkissos hade haft ett Instagram-konto så hade han nog fyllt det med selfies. Han som fått ge namn åt det sjukliga självupptagna beteendet narcissism. Den romerska diktaren Ovidius skriver i *Metamorforser* om Narkissos som var så förälskad i sin egen spegelbild att han satt hela dagarna och stirrade ner på vattenytan tills han förvandlades till en blomma, en narcissus (typ påsklilja). Att Salvodore Dali, en konstnär som betraktades av omvärlden som väldigt excentrisk och självcentrerad, intresserade sig för motivet med Narkissos är kanske inte så konstigt. Dalis surrealistiska målning *Metamorphosis of Narcissus* (1937) föreställer en spegelblank sjö där en förstenad figur sitter försjunken vid strandkanten. I förgrunden speglas samma konturer från stenfiguren i form av en stor hand som håller i ett ägg där en blomma bryter sig ur skalet. Mytens Narkissos och blomman narcissus speglar varandra i Dalis drömlika bildvärld.

Självporträttet i konsthistorien är nu inte något utslag av narcissism hos konstnärerna utan ofta ett praktiskt sätt att träna sig på att måla eller teckna. I brist på bättre och billigare modeller har man valt att avbilda sig själv genom att studera sitt eget ansikte i en spegel eller en annan reflekterande yta. Det är därför konstnärer ofta avbildas i kvarts profil och vrider på huvudet mot betraktaren. Konstnären måste vrida sig från staffliet för att titta in i spegeln och se motivet han ska avbilda. I den äldre konsthistorien är det inte så vanligt med självporträtt. Konstnärerna arbetade på beställning och ingen var direkt intresserad av att köpa ett porträtt som föreställde konstnären utan man ville själv bli avbildad och ihågkommen till eftervärlden. Att måla självporträtt var inte direkt någon lönsam sysselsättning. Kreativa konstnärer använde istället andra sätt för att smyga in sig själva i konsthistorien, Jan van Eyck i målningen *Arnolfinis trolovning* från 1434 där man i spegeln bakom brudparet kan se konstnären vid sid staffli. Eller i Diego Velázquez *Hovdamerna* från 1656 där konstnären har målat av sig själv där han står med staffli mitt bland hovdamerna.

Idag har begreppet 'selfie' blivit populärt. En selfie är ett fotografiskt självporträtt, ofta taget med mobilkamera och sedan utspritt på sociala medier. Begreppet började användas i mitten av 2000-talet i olika diskussioner och fick sitt genombrott i och med sociala medier som Instagram och Facebook. Redan 1839 tog den amerikanska fotopionjären Rober Cornelius det som räknas som det första självporträttet med kamera, och den italienska renässansmålaren Parmigianinos *Självporträtt i konvex spegel* från 1524 brukar lyftas fram som ett exempel på ett självporträtt som har en estetik som påminner om en selfie. En selfie tas ofta på en armlängds avstånd framifrån eller snett uppifrån, eller så fotograferar man av sin egen spegelbild. Selfiegenren är under ständig utveckling. Det senaste året har selfiepinnen gjort det möjligt att hålla kameran längre bort än vad armen räcker till, och drönare kan användas för att ta selfies med fågelperspektiv. Om kameran är vår tids verktyg för att avbilda verkligheten och fotot vår taveldukk då kan man kanske se selfiepinnen som en modern variant av konstnärens maulstick. En maulstick är helt enkelt en pinne med mjukt stoppat huvud som används av konstnärer för att förlänga och stödja handen som håller i penseln när han/hon målar på duken.

En alldeles egen genre av selfies har fått hashtaggen #artselfie. En #artselfie är helt enkelt en selfie framför ett konstverk. Den amerikanska kuratorn Brian Droitcour lär 2012 har initierat själva hashtaggen och DIS magasin startade sedan upp sidan artselfie.com som samlade på denna dokumentära konstturism, som även går att hitta på Instagram, Tumblr och Twitter . #artselfie är idag ett kulturellt fenomen både för okända och kända museibesökare. När Beyonce och Jay Z besökte Louvren i oktober 2014 tog de naturligtvis en #artselfie framför *Mona Lisa*. En bild som snart spreds på nätet som ett meme, det vill säga man ändrade på bilden genom att till exempel byta ansiktena på Mona Lisa och Beyonce. Fenomenet att ta en bild av sig själv framför ett konstverk är nu inte speciellt nytt. Långt innan mobiler och Instagram-konton kom har människor låtit sig fotograferas framför konstverk för att bevisa att de varit på platsen. #DamnILookGood är en annan selfie hashtag som introducerades av de pakistansk-amerikanska konstnärerna Qinza Najm och Saks Afridi. Under en konstfestival i USA bad konstnärerna några kvinnor som bar hijab/niqab att ta en selfie på sig själv under taggen #DamnILookGood. Man kan se konstprojektet som en motreaktion mot dagens narcissistiska utseendefixering och alla de halvpornografiska selfies på nätet där kvinnor och män visar upp sina kroppar för att få bekräftelse av betraktaren. Ytterligare en kombination av selfie och konsthistoria hittar man på Tumblr-sidan *Museum of Selfies*, där designer Olivia Muus och andra har lagt upp foton av självporträtt från olika museums samlingar. På fotona ser det ut som om det är personen på konstverket som tar en selfie av sig själv.

Selfien som kulturellt fenomen har förstås även lockat många konstnärer. Eftersom nätet svämmar över av selfies så varför ska man gå över bron efter vatten om man behöver ett självporträtt? Ethan Ham använder i konstprojektet *Self-Portrait* (2006) en programvara som kan känna igen ansiktsdrag, och han letar igenom miljontals bilder uppladdade på olika sociala medier för att hitta ansikten som liknar hans eget. Så istället för att ta egna självporträtt använder sig konstnären av foton på nätet som liknar honom. Alla dessa 'look alikes' samlar sedan Ethan på sin egen hemsida.

Identitetsstölder är vanligt på nätet och med rätt teknik är det lätt att skörda stora mängder data och använda den i andra sammanhang än de ursprungliga. De två italienska konstnärerna Paolo Cirio and Alessandro Ludovico har specialiserat sig på digital datastöld som konstform. I serien *Hacking Monopolism Trilogy* har de tidigare gett sig på Google och Amazon. I trilogins sista del *Face to facebook* stal de en miljon Facebook konton i form av profilbilder och namn och skapade av informationen en falsk datinghemsida på domänen lovely-faces.com. Alla selfies som vi publicerar på nätet betraktar vi som personliga och unika bilder som vi förknippar med olika upplevelser och känslor. Men för de sociala tjänsterna är våra självporträtt bara en anonym datamängd som kan alstra inkomster. Ciro och Ludovico använder i *Face to facebook* data som en transaktion som de överför mellan olika plattformar och sätter därmed fingret på hur de sociala tjänsterna ser på oss användare. Man brukar säga att när innehållet är gratis är det ofta du som är varan. Så din Facebookprofil är egentligen bara en datamängd för att skapa annonsintäkter åt företaget. En datamängd som likaväl skulle kunna användas i andra sammanhang för att alstra inkomster till exempelvis en datinghemsida. För i slutändan måste du ställa dig frågan vem det egentligen är som äger din digitala identitet och ditt självporträtt? För har du verkligen läst och förstått det finstilta kontraktet på de sociala medier som du använder?

När våra självporträtt betraktas som en anonym datamängd blir intresset att bevara dem för eftervärlden ganska litet. Ett konstant flöde av nya intressanta bilder ersätter också snabbt de gamla bilderna. Den digitala historien har kort minne och data har en förmåga att förvanskas, bli korrupt och försvinna med tiden. Den amerikanska konstnären Sue Stevens gjorde 2008 ett verk som hon kallade *Degenerative portrait*, som bestod av en monitor som visade ett svart-vitt porträtt som långsamt löstes upp och försvann. Kanske är det ett öde som kommer att drabba de flesta av våra selfies som vi idag lägger upp nätet? Det vill säga om inte fler gör som den amerikanska konstnären Erin M. Riley och överför dem till andra mer traditionella tekniker. Riley letar genom sociala medier som

Snapchat, Instagram och Facebook efter bilder av unga kvinnor som engagerar henne. Motiven använder hon sedan för att väva sina konstverk på en traditionell vävstol. Det går att hitta många intressanta analogier mellan den digitala webben och den analogen väven. Till exempel att användningen av hålkort i den tidiga vävindustrin skapade förutsättningen för att kunna programmera datorer längre fram. Eller berättelsen om Arakne i grekisk mytologi. Hon som utmanade gudinnan Athena på en vävtävling och vann, vilket ledde till att en förargad Athena förvandlade henne till en spindel. Spindeln, den fantasiska vävaren vars nät påminner om och fått gett namn åt den världsomspända webben. I den grekiska mytologin symboliseras även tiden av kvinnor som sitter och väver. För det är nog så att vävning och andra konstformer har bevarat en stor del av vår historia till eftervärlden. Men jag är inte lika säker på att den digitala webben kommer att göra detsamma åt oss.

Twitter – ett ständigt flöde av konst

"I compose most of my tweets with care, as if they were aphorisms" lär författaren Joyce Carol Oates ha sagt om sitt eget twittrande. Twittter är en tjänst som ger skribenten 140 tecken på sig att formulera något kärnfullt och slagkraftigt. Men de flesta som twittrar är inte lika omsorgsfulla när de formulerar sig som Carol Oates. Twitter fylls, precis som många andra sociala tjänster, av människors "ovanor" att prata om triviala saker, skryta, dela länkar och sprida rykten till sina medmänniskor. Twitter påminner om tankeexperimentet där man låter ett oändligt antal apor skriva på skrivmaskin. Någon gång kommer de att lyckas skriva något lysande och håller de på tillräckligt länge kommer de genom slumpens försorg även att skriva Shakespeares samlade verk.

Ett par studenter från University of Plymouth gjorde faktiskt ett praktiskt försök på Paignton Zoo. Sex apor fick tillgång till en dator och under den månad projektet pågick lyckades aporna producera ett antal sidor som till största delen bestod av bokstaven 's' innan de förstörde datorn. Projektet ansågs som misslyckat utan att man ens reflekterade över att tangentbordet kanske hakade upp sig på bokstaven 's' hela tiden. Så aporna blev kanske så frustrerade över att de inte ens lyckades skriva titeln "Shakespeares samlade verk" att de slog sönder datorn i raseri?

Tankeexperimentet med Shakespeare och aporna har inspirerat konstnärsduon JODI till verket *SK8MONKEYS on*

Twitter. På ett par skateboards monterade konstnärerna trådlösa tangentbord. När besökaren lånade en skateboard och åkte runt på den i konsthallen så skickades fötternas tangentbordsnedtryckningar till ett Twitterkonto. De slumpmässiga tangentbordsnedtryckningarna blev till en strid ström av tweets. De flesta ett obegripligt nonsens, men om ett oändligt antal människor skulle ha åkt på dessa skateboards i en evighet så skulle de kanske har lyckats skriva Shakespeares samlade verk på Twitter.

Att samla vissa fraser eller uttryck från Twitter och sedan överföra dem till nya material eller nya sammanhang är ett vanligt arbetssätt hos konstnärer som arbetar med Twitter. Twitter uppdateras varje sekund med nya tweets och denna strida ström av information har den holländska designstudion Moniker utnyttjat i verket *alltheminutes.com* som skapades i samband med en utställning på van Abbe museum i Eindhoven. Verket är en Twitterklocka som består av en hemsida som publicerar ett urval av tweets som nämner samma klockslag som när du besöker sidan. Surfar du in på sidan klockan 14:12 så får du upp tweets från olika personer där man skriver att klockan är 14:12 och min telefon har inte ringt eller klockan är 14:12 och jag har inte ätit något. För varje minut på dygnet finns det tweets som speglar vad människor gör och tänker under dygnets alla minuter.

Ett annat sätt att arbeta är att fånga upp en hashtag, det vill säga ett nyckelord i flödet. Konstnären Zach Gage skapade ett Twitterkonto som varje dag kl 6.30pm söker igenom andra twitterkonton efter frasen "best day ever" och publicerade sedan dessa tweet på kontot @mybestdayever. Kontot fungerar som en motvikt till allt det som kan kännas mörkt och svårt i livet. @mybestdayever ger läsaren en positiv energikick fylld av lycka från stora och små händelser i livet. Sedan kan man inte låta bli att fundera över om användningen av uttrycket "best day ever" i många fall används som en klyscha, snarare än något som verkligen speglar en livsavgörande händelse i personens liv.

Det finns alltid en risk att vissa uttryck och fraser på Twitter blir klichéer och mest används för att imponera och skryta för andra människor. En fras som ligger i riskområdet är "Working on my novel " som används för att delge omvärlden att man är en intellektuell person som arbetar med en roman. Konstnären Cory Arcangel publicerade 2014 boken *Working on my novel*. Boken innehåll ett hundratal twitterinlägg som handlar om människor som arbetar med sin roman. Arcangels bok blir en meta-roman som handlar om personer som skriver romaner och konstnären själv blir författare genom att reproducera andras författardrömmar i bokform.

Skärmen är visserligen det nya pappret och böcker gammelmedia, men varför inte gå mot strömmen och i old-style skriva ut tweets på riktigt papper? *Murmur Study* och *Installation1* är två projekt som skriver ut tweets på papper. *Murmur Study* av Christopher Baker består av 30 skrivare som söker igenom Twitter efter tweets som innehåller känslomässiga uttryck som argh, meh, grrrr, oooo, eww, och hmph. Under utställningen faller ett konstant vattenfall av papper ner på golvet. Men miljövän var lugn, pappret används i framtida konstprojekt eller återanvänds på annat sätt.

När konstgalleriet i Milwaukee 2009 gjorde en utställning skapade man Twitterkontot @*Installation1*, och alla inlägg som följarna till kontot skrev under dagen skrevs i slutet av dagen ut och samlades i en hög i galleriet. Utskrifterna limmades sedan ihop till en boll. Båda verken ger en visuell bild och synliggör den mängd av text som varje dag produceras på nätet. De gör det också möjligt för människor att vara delaktiga, aktivt eller passivt, i en konstutställning utan att behöva besöka den. Man behöver bara Twittra för att bli en del av konsten.

Till cykelloppet Tour de France 2009 skapade välgörenhetsorganisationen Livestrong Twitterkontot @*chalkbot* dit man kunde skicka meddelanden på 40 tecken om hopp och inspiration. Dessa meddelanden skrevs sedan ut på vägarna där cykelloppet gick. Med hjälp av en chalkbot, det vill säga en specialbyggd vägskrivare som drogs efter en bil sprayades texten på asfalten. Under projektets gång fick man in 100 000 meddelanden som prydde vägarna längs Tour de France. Efter att ett meddelande hade skrivits ut på vägen fotograferades det och en länk med bilden, och GPS-koordinaterna var texten var placerad, mailades sedan till personen som skickat in bidraget.

Hard Drivin' är ett annat exempel där man kan påverka konsten på distans. Projektet skapades av Ivan Twohig, Benjamin Gaulon och Brian Solon och har lånat sin titel från ett populärt racingspel skapat av Atari 1989. *Hard Drivin'* var ett av de första racingspelen med 3D-grafik. I den nya versionen placerade man ut ett antal radiostyrda bilar i en fyrkantig låda i galleriet. Själva vägen och landskapet var uppbyggt av ett nätverk av polygoner som utgör det skelett man använde för att skapa den tidiga 3D-grafiken i dataspel. Genom att skicka olika kommandon via tweets kunde besökarna styra bilarna i galleriet. *Hard Drivin'* är egentligen ett omvänt dataspel eftersom bilarna är verkliga, de är inte grafiska element på en skärm, medan spelaren inte är någon fysisk person som är närvarande framför spelet, utan snarare en digital kod som skickats över nätet.

Frågan om det verkliga och det virtuella mötet med konsten ställs på sin spets i verket *The Artist is Kinda Present* av konstnären An Xiao. 2010 gjorde performancekonstnären Marina Abramovich det uppmärksammade verket *The Artist Is Present* på MoMA i New York. Människor köade i dagar för att få chansen att sitta öga mot öga med konstnären. Abramovich är i verket närvarande både som konstnär och konstverk på samma gång och ger besökaren en unik möjlighet att uppleva konsten på ett personligt, fysiskt och intimt plan. Även om Abramovich är närvarande så går det inte att kommunicera med henne utan hon sitter bara tyst och iakttar besökaren. Konstnären An Xiao gjorde en ny tolkning av verket, där hon sitter i galleriet framför sin dator. Besökaren kan sätta sig mitt emot konstnären och vara närvarande med konstnären genom att SMS eller twittra med henne. Även om konstnären sitter fysiskt mitt emot besökaren är hennes närvaro bara virtuell. Man kan få kontakt med konstnären via nätet och hennes svar dyker sedan upp på en skärm bredvid besökaren. An Xiaos verk undersöker hur sociala medier som Twitter påverkar och förändrar vårt sätt att umgås. Vi kan vara närvarande vid familjens middagsbord som fysiska personer, men mentalt surfar vi iväg på våra telefoner och umgås virtuellt med andra människor. Vi kanske inte känner eller knappt hälsar på våra grannar i trappuppgången men har hundratals vänner från hela världen på Facebook.

The Artist is Kinda Present och många andra Twitter-konstverk fångar på många sätt upp hur de sociala medierna håller på att förändra vår värld. De är därför helt naturligt att konstnärer använder sociala medier för att berätta om vår samtid. För det är här i statusuppdateringar och tweets som den allt större delen av det mänskliga tankeutbytet och de sociala nätverken och gemenskapen skapas.

Stenar i konsten – en lovsång till grått

Den här essän om stenar i konsten kommer inte att handla om de fina polerade stenarna av marmor eller andra exklusiva stensorter som är så vanliga i statyer och konstverk. Utan för att citera Gustav Frödings *Gråbergssång* från 1914:

"stå
grå-å-å-å.
Så är gråbergs gråa sång
lå-å-å-å-å-å-å-å-å-ng."

Det kommer istället att bli en lovsång till alla de grå och vardagliga stenarna i konsten. Sådana som man hugger sönder i Gustave Courbets målning *Stenbrytarna* från 1849. En målning som visar hur två män sliter i ett stenbrott. Den ena slår sönder stenarna med en slägga medan den andra samlar ihop bitarna och bär iväg dem i en flätad korg. Även om gråstenar ser alldagliga ut och för ögat flyter ihop till en anonym massa så är varje sten unik och bär på sin egen historia som vill berättas.

Den brittiska konstnären Mark Wallingers installation på Baltic i Gateshead bär namnet *10000000000000000*, vilket är det binära talet som motsvarar siffran 65,536, och som också var det antalet knytnävesstora stenar som Wallinger placerade ut på ett jättelikt schackrutegolv i konsthallen. Binära tal består av ettor och nollor och *10000000000000000* är ett tal som ser perfekt och symmetriskt ut. Faktum är att även decimaltalet 65,536 är perfekt. Det är superperfekt i alla fall om man ska tro den matematiska talteorin. Det är alltså ingen slump att Wallinger har placerat ut just 65,536 stenar i konsthallen utan det motsvara en helt unik och speciell mängd. Det som besökaren mötte var ett stort fält av anonyma stenar i prydliga rader, men tittade man närmare så såg man att varje sten var olik den andra. Färger och former skiftade, den ena stenen var inte den andra lik. Installationen blev som en systematisk katalogisering över stenar där varje sten låg i en egen ruta eller fack i väntan på analys.

Att bära in vanliga stenar in i konsthallen är något som man börjar med på 60-talet. Då lanserade konstnären Richard Smithson begreppet 'Land art' som var en konstform som använde sig av naturliga material som stenar, träd och jord. Ett av Smithsons mest kända verk *Spiral Jetty* består av en stor spiral av jord och sten som sträcker sig ut från stranden, ut i vattnet som en pir. Land art begränsade sig inte bara till landskapet utan det fanns också en hel del konstnärer som tog med sig naturen in i konsthallen. Richard Long har till exempel en förkärlek för att kånka in stenar i konsthallen och av dem bygga symmetriska former som cirklar och rektanglar. *Stone Line* från 1977 är en installation som består av en stor rektangel med grå stenblock, och *Antibes Ellipse* från 1999 är en stor ellips byggd av grovt huggna grå stenar. Richard Long har även gjort många skulpturer och projekt ute i naturen med hjälp av vanliga stenar. Under sina långa vandringar har han skapat skulpturer av stenar i landskapet, som *Touareg Circle* i Sahara (1988) eller *Gobi Desert Circle* (1996).

Sedan finns det alltid konstnärer som ska vara värre än alla andra. Olafur Eliasson nöjde sig inte med att plocka in några stenar. Utan på Louisiana museum för samtidskonst installerade han 2014 en hel flodbädd i konsthallen. Ett par ton med jord och sten skyfflades in i konsthallen och mitt i detta grå, nakna landskap porlade en liten bäck. Eliasson kommer från Island så det är kanske inte så underligt att det skapade landskapet påminner om ett sterilt vulkanlandskap utan växtlighet. Installationen är så övertygande att man nästan börjar undra vad som kom först, landskapet eller museet? Gränserna mellan ute och inne suddas ut och skapar en illusion av att man slagit upp de vita väggarna mitt ute i ett öde landskap, istället för tvärtom.

Illusioner är det många konstnärer som arbetar med. Den koreanska konstnären Jae-Hyo Lee har i många år arbetat med steninstallationer som verkar bryta mot naturens lagar. I tunna stålvajrar hänger han upp hundratals stenar i rummet så att de bildar svävande stencylindrar eller sfärer. Han skapar en illusion av att stenarna svävar och att tyngdkraften har upphört att gälla i rummet. Det är som om man kommit in mitt i en Harry Potter film där Harry nyss kastat en Leviosa trollformel som fått föremål att börja sväva. Redan de gamla grekerna visste hur man kunde lura ögat och få stora tunga stenbyggnader att se lätta och graciösa ut. Att kasta om våra invanda föreställningar och göra tungt lätt och få stenar att sväva är alltså en sysselsättning som passar både trollkarlar och konstnärer.

Levitated Mass, svävande massa, är namnet på Michael Heizers skulptur som återfinns utanför konstmuseet LACMA (Los Angeles County Museum of Art). Här har konstnären skapat en 140 meter lång passage där han placerat en 340 ton tung sten som besökarna måste gå under. Även om stenen är förankrad efter konstens alla regler så pirrar det nog lite i magen när besökarna tittar upp på den stora tunga stenen. Idén har Heizer lånat från Moder Natur för den här typen av installationer kan man hitta runt om i naturen. Om du någon gång vandrar upp mot Slåtterdalskrevan i Höga Kusten kommer stigen förmodligen att gå under ett stort klippblock som kilats fast diagonalt mellan två klippor. Den naturliga installationen känns som en betydligt osäkrare passage än den konststen som Heinz pallat upp med två rejäla stöd, som dessutom lyckas förstöra den optiska illusionen av att stenen skulle kunna sväva.

Den australienska skulptören och performancekonstnären Ken Unsworth slits också mellan känslan av att sväva fritt och vara fast förankrad i verkligheten. I verket *Suspended stone circle II* har Unsworth hängt upp 103 stycken 15 kilos stenar i en cirkel. Stenarna svävar visserligen en bit ovanför marken, men till skillnad från Jae-Hyo Lees stenar svävar de inte med lätthet. Det är snarare så att stålvajrarna förankrar och fjättrar stenarna i deras position. Det är som att de tre fästpunkterna med stålvajrar bildar tre koner som påminner om "trajector beams", det vill säga kraftstrålar som man använder i Science Fiction filmer för att dra in eller lyfta upp saker till ett rymdskepp. Fast här tar de tre dragkrafterna ut varandra så att föremålen hålls fastlåsta i samma position. Unsworths stenar skulle även kunna spegla ett existentiellt tillstånd där man känner att man inte kommer någonstans i livet. Man känner sig fastlåst av olika krafter som drar åt olika håll. Jaget blir därför handlingsförlamat och viljelöst som en sten. Man blir oförmögen att sig vidare i livet och blir svävande i ett limbo.

Stoned är ett engelskt slangutryck som används för att beskriva att man är hög och påverkad av droger men det är också ett ord som används för att beskriva hur organiskt material förvandlas till sten, som när fossiler bildas. Bägge beskrivningarna skulle kunna passa in på den brasilianska konstnären André Komatsus skulptur *Untitled* från 2009. På marken ser man en person, eller rättare sagt kläderna av en människa. Ett par vita gympaskor, ett par blåjeans och en grå T-shirt som är fyllda med vanliga grå stenar. Personen känner sig kanske tung som sten eller så har han helt enkelt blivit förstenad, som ett troll i solsken. Skulpturen är också en bild av den anonyma människan, hen som bara är en i mängden. En grå sten i tillvaron som ingen lägger märke till. Men ibland krävs det bara att man polerar upp ytan för att hitta en riktig pärla.

Polera vanliga stenar är precis vad den isländska konstnären Sigurdur Gudmundsson gjorde i Västra hamnen i Malmö. Längs strandpromenadens vågbrytare valde han ut ett antal stora stenar som han lät skicka iväg till Kina där de polerades upp utan att deras individuella form ändrades. Sedan placerades stenarna tillbaka på exakt samma ställe, men istället för att vara en vanlig gråsten glänste de nu som diamanter längs strandpromenaden. *Diamonds are everywhere* (2001) heter verket och visst kan man hitta diamanter även bland en massa vanliga gråstenar.

Bastun i konsten – en värmande historia

Vattnet pulvriseras till ett moln av ånga när det träffar stenarna. En vägg av hetta rusar rakt mot de nakna kropparna som sitter hopträngda i dunklet. Svetten forsar ur kroppens alla porer och björkriset river skarpt mot skinnet. Tystnaden är kompakt, man hör bara björkvedens knäppande och kvidande i den sotsvarta spisen. Utanför det lilla trähuset sänker sig sommarnattens leende över en milslång urskog och en skogssjö glittrar trolskt utanför. Finns det något mer finskt än att bada bastu? I den finländska konsthistorien kan man hitta en hel del bastubadare. I Akseli Gallen-Kallelas målning *Badstuga* från 1889 är det som att kliva rakt in i den finska folksjälen. Tavlan visar hur människorna på en gård tvättar och bastar tillsammans. På målningen ser man män och kvinnor, unga och gamla. Tavlan ger ett slags genomsnitt av befolkningen och livets olika åldrar. Bastubadet finns nedärvt i den finska kulturen ända sedan tidens begynnelse. Akseli Gallen-Kallela är kanske mest känd för sina illustrationer av det stora finska eposet *Kalevala*. I *Kalevala* berättas det bland annat om hur jungfrun Marjatta eldar upp bastun när hon ska föda sitt barn, han som sedan döps till Karelens kung.

Bastubadet i Finland förknippas inte bara med födelsen utan med många av livets stora händelser. Robert Wilhelm Ekmans målning av *Brudbastu* från mitten av 1800-talet visar en äldre finsk tradition att bruden skulle bada bastu innan hon gifte sig. Bastubadet var en rening av kroppen men stod också för en symbolisk förvandling, att bruden stiger in som en flicka i bastun men lämnar den som en kvinna och därmed träder in i ett nytt skede i livet. Pekko Halonen har i målningen *I bastun* från 1925 skildrat tre män som badar bastu tillsammans. Bastubadet blir en del av livet, en mötesplats mellan generationer där historien och traditioner knyts samman, en plats för social samvaro och samtal.

Det är kanske inte så konstigt att Finland även inom samtidskonsten har en särposition när det gäller att använda sig av bastun som ett konstnärligt objekt. När Turku (Åbo) var Kulturhuvudstad 2011 genomförde man det offentliga konstprojektet *SaunaLab Project* där flera konstnärer undersökte kombinationen av konst och bastu. *Sounding Dome Sauna* av Jan-Erik Andersson och Shawn Decker var en bastu som såg ut som en stor gul lök på utsidan och under bastubadandet kunde besökaren uppleva ett ljudkonstverk som ändrade karaktär beroende på temperaturen och fuktigheten i bastun. Ett annat projekt var *Sauna obscura* av Heidi Lunabba där bastun fungerade som en tidig version av en kamera. Camera obscura bygger man genom att skapa ett ljustätt rum och göra ett litet hål i väggen där ljuset kan falla in. När ljuset utifrån faller in genom hålet reflekteras bilden på väggen och med hjälp av en lins förstärkte Lunabba bilden så att bastubadarna på väggen kunde se vad som hände utanför. En intressant lek mellan ute och inne som får en att tänka på Platons grottliknelse. I dialogen *Staten* skriver Platon om några människor som sitter inspärrade i en grotta och som bara upplever verkligheten utanför genom skuggor som reflekteras på grottväggen. Den bild av världen som bastubadarna i *Sauna obscura* upplever är ju också en förvrängd och annorlunda spegling av världen mot den verklighet som de möter när de kliver ut från bastun. Även Hans-Christian Bergs bastu *Solaris* leker med gränsen mellan ute och inne. I vanliga fall är en bastu ett mörkt fyrkantigt och slutet rum, men *Solaris* är istället cirkelformat och gjort av genomskinligt glas. Gränsen mellan utan och inne blir plötsligt mycket tunnare och det uppstår ett voyeuristiskt samspel mellan betraktaren utanför och inne i bastun.

Nu är vi i Sverige inte så dåliga bastubadare heller. Peter Johansson är en konstnär som under många år har skärskådat den svenska identiteten med folkdräkter, falukorv och dalahästar och har även intresserat sig för den svenska bastutraditionen. År 1997 byggde Johansson om Lunds konsthall till *The Scandinejvian SAUNA Prodjekt*. Konsthallsbesökarna kunde byta om i omklädningsrummet och duscha av sig innan de satte sig i konstverkets hjärta, den stora bastun. Förutom de traditionella träinteriörerna dominerades bastun av blank koppar och svarta stenar i duschar och ångbastuaggregat. Bastun blev en mötesplats där konstbesökare och vanliga nyfikna bastubadare kunde mötas och diskutera. Om man ska lyfta fram en kärna bland alla dessa konstprojekt med bastu så är det möjligheten att skapa en mötesplats och ett rum för samtal. I en bastu träffas människor med olika bakgrunder och erfarenheter. Om man vill fånga stämningen i ett samhälle och hitta lösningarna på världens alla problem så är bastu den rätta platsen. I en bastu diskuteras och avhandlas allehanda vardagliga och världsliga problem mellan olika människor.

Politik är ett vanligt ämne bland bastubadare och den politiska dimensionen var något som den finska konstnären Satu Herrala tog fasta på när hon 2013 skapade projektet *Sauna lectures*. I världens största rökbastu, som naturligtvis ligger i Finland, arrangerade Herrala föreläsningar om olika politiska ämnen för bastubadarna. Herrala har även anpassat idén från *Sauna lectures* till andra länders kulturer, så på Island ägde samtalen inte rum i en bastu utan i en varm källa. Även Trevor Amerys mobila bastu, som han skapade till Kathmandus International Art Festival 2012, har politiska dimensioner. I bastun kunde besökarna lyssna på inspelningar av människor från tolv olika länder som berättade om hur klimatförändringarna påverkat deras liv. Amerys bastu blev ett forum där människor från olika delar av världen kunde diskutera och uttrycka sina åsikter om aktuella ämnen, som klimathotet. Eftersom konsten idag handlar mycket om samtal, diskussioner och relationer snarare än objekt så fungerar bastun mycket bra att använda som konstnärlig modell. Att finska konstnärer dominerar bastugenren beror naturligtvis på deras starka bastukultur. Det är ju trots allt ett land där man myntat ordspråket: "Hjälper inte bastu, brännvin och tjära då är döden nära."

Fruktansvärt långsam konst

Det finns en anekdot om Picasso, och som med alla anekdoter finns det flera olika versioner, men vi väljer den om journalisten som intervjuar Picasso under hans ålderdom. I slutet av intervjun ber journalisten den stora konstnären att skapa en snabb skiss som minne. Picasso tar fram sin penna och ritar snabbt en liten teckning varmed journalisten säger: Är du medveten om att den här teckningen som tog dig bara några sekunder att färdigställa skulle jag kunna sälja för tiotusen pund? Det tog inte några sekunder att rita teckningen, svarar Picasso. Det tog mig åttio år.

Picasso menar att allt som vi gör är ett resultat av vårt livs erfarenheter och kunskaper. När en konstnär skapar ett verk är det en process som är resultatet av hela hans livslånga yrkeskarriär. Sedan kan det ta några sekunder att färdigställa konstverket, eller flera år som med Michelangelos fresker i Sixtinska kapellet. I många fall är konstverket färdigt så fort färgen har torkat och konsten stelnat i en evig oföränderlig form, men även om konstnären anser sig klar betyder det inte alltid att konstverket är klart. Det finns konstverk som aldrig verkar bli färdiga och som utsätter betraktarens tålamod för hårda prövningar. Det finns konstverk som är så fruktansvärt långa och långsamma att det skulle krävas år, ja ibland ett helt liv för att uppleva dem.

Ett sådant exempel är den svenska videokonstnären Anders Webergs filmprojekt *thelongestfilm.com*. Det består av filmen *Ambiancé* som beräknas bli färdig år 2020 och som då kommer att vara 720 timmar lång. För tittaren kommer det att ta 30 dagar att se hela filmen. Nu är ju 30 dagar ingenting mot konstnären On Kawaras verk *One Million Years* från 1969, som består av en bok med en miljon årtal före verket skapades och en miljon årtal efter verket skapades. Den längsta uppläsningen hittills av verket ägde rum under Documenta 11 år 2002 där kvinnliga och manliga deltagare turades om att läsa årtalen under utställningens 100 dagar.

Ordspråket säger att droppen urholkar stenen inte genom sin styrka utan genom att falla ofta. Denna långsamma process är något Bogomir Eckers undersökt i verket *Die Tropfsteinmaschine* på Hambuger Kunsthall. Från museets tak samlas regnvatten in och leds sedan via ett rör ner till en konstgjord stalaktit i konsthallen från vilket vattnet droppar ner på en marmorsten. Redan 1983 föddes idén men det tog så lång tid att bygga och ställa in maskinen att den kunde installeras i konsthallen först 1996. Efter femhundra år kommer det droppande vattnet att ha format en stalaktit på fem centimeter. Vilket med naturens mått mätt är en ganska obetydlig stalaktit mot vad man kan hitta i kalkstensgrottor. Men naturen har å sin sida inte speciellt bråttom när den skapar sina mästerverk. Ett par miljoner år hit eller dit, vad spelar det för roll?

Långsamt är nu inte direkt ett ord som förknippas med vår samtid. Idag är vi vana att allting ska gå fort. Ny teknik gör att vi inte längre behöver vänta på att fotografier ska framkallas, eller att brev eller meddelanden ska komma fram till mottagaren. Utan det sker för det mesta nästan omedelbart.

Det finns en del konstnärer som har gjort om vår snabba teknik så den återigen blir långsam. Så att vi ska hinna uppskatta det unika i att få ett brev eller se resultatet av en bild som vi har tagit. Det finns några konstnärer som driver det gamla talesättet "den som väntar på något gott väntar aldrig för länge" till sin spets.

Jonas Dahlberg fick 2011 möjlighet att ta fram ett skissförslag till en ridå som skulle hänga framför ett stort fönster till en av konferenssalarna i FN-byggnaden i New York. Hans förslag bestod av en silverduk där silvrets naturliga oxidation under årens lopp skulle avslöja ett motiv. Inspirationen kom från polaroidbilder där man kan se hur motivet långsamt växer fram efter bilden har tagits. På Dahlbergs silverduk skulle det nu inte ta några minuter att framkalla bilden utan 15-20 år innan silvret hade svartnat och bilden blivit tydlig. Motivet skulle vara ett fotografi som togs av utsikten från konferenslokalen, med East River och Brooklyn i bakgrunden. Ett foto som man först skulle kunna njuta av efter 20 år. Idén blev inte förverkligad den här gången, men som sagt den som väntar på något gott...

En ännu långsammare framkallningsprocess har utvecklats av konceptkonstnären Jonathon Keats. *The CenturyCamera* är en liten övervakningskamera som är byggd att fungera som en hålkamera, där ljuset från det lilla hålet under tidens gång bleker ett svart papper och avbildar motivet som den är riktad mot. Saken är bara den att det tar 100 år för bilden att framkallas. Den 16:e maj 2014 fick hundra människor i Berlin var sin kamera att placera ut och resultatet av bilderna kommer deras barn och barnbarn kunde uppleva när det blir fotovernissage den 16:e maj 2114. Keats projekt kan ses som en kritik mot dagens stora flöde av ögonblicksfotografier. Istället för ett snabbframkallat snapshot blir fotografen tvungen att noga tänka igenom vilket motiv hen riktar kameran mot. Det är inte bara en bild som ska tas, utan en hel process som speglar hur motivet förändras under hundra år.

Mobilen har på många sätt förändrat vårt sätt att ta bilder men också vårt sätt att kommunicera. SMS är ett sätt att snabbt skicka ett textmeddelande till någon. Den thailändska konstnären Wit Pimkanchanapong skapade på fasaden till Singapore Art Museum *The World's Slowest SMS Billboard*. Det är inte ovanligt att konstnärer skapar offentlig konst där människor via sin mobil kan delta i ett konstprojekt genom att skicka bilder eller meddelanden till digitala anslagstavlor i stadsrummet. Människor som passerade Singapores konstmuseum kunde också skicka ett SMS på max 60 tecken till ett speciellt nummer. Men här var det istället ett team på 10 personer som manuellt satte upp meddelandet med hjälp av stora bokstäver på en reklamskylt modell äldre. Det tog ungefär 20 minuter att sätta upp ett meddelande på fasaden, om det nu ens sattes upp eftersom teamet valde efter humör vad de ville skylta med. Efter fem minuter skyltade man om med nytt meddelande.

Det är inte bara SMS som vi förväntar oss ska levereras samma stund som de skickas, utan det gäller även vanlig e-post. Vi är så vana vid snabba postleveranser att den vanliga postgången i folkmun benämns som snigelpost, men om man nu skulle låta sniglar bära ut e-post då måste det väl ändå kallas riktig snigelpost? Konstnärsgruppen Boredomresearch som består av Vicky Isley och Paul Smith har skapat *realsnailmail.net*. Det är en e-posttjänst som består av en trädgård med ett par sniglar som fungerar som brevbärare. Du skickar ditt mail till en dator där ditt meddelande ligger och väntar på att en snigel i trädgården ska passera en leveranspunkt. Mailet förs då över till ett litet chip som finns på snigelns skal. När snigeln sedan passerar en annan leveranspunkt så skickas meddelandet vidare till en dator som slutligen levererar mailet till mottagaren. Jag provade själv tjänsten på en utställning för ett par år sedan och har fortfarande inte fått något mail. Det kanske blir som ett av de där julkorten som man läser om i tidningarna, som dyker upp i brevlådan 30 år efter att det postats. Men som sagt den som väntar på något gott…

John Cage har också skapat ett konstverk som väl passar in under rubriken "Fruktansvärt långsam konst". Verket *Organ^2/ASLSP (As SLow aS Possible)* skapades 1987 och 2001 började man framföra verket på orgeln i St. Burchardi kyrkan i den tyska staden Halberstadt. Man har räknat ut att verket kommer att ta 640 år att framföra, så runt år 2640 ska de sista tonerna ha ebbat ut. Citatet: "Art is eternal, but life is short" passar bra in på *As SLow aS Possible.* För det är ett konstverk som sträcker sig över generationerna. Det är en konstupplevelse som man får ärva av sina föräldrar för att kunna uppleva från början till slut. Nu är kanske vår samtid inte så väldigt bra på att ta det lugnt, och konst som tar väldigt lång tid att uppleva kan därför ha svårt att hitta fram till någon större publik.

Om det nu tar ett helt liv att skapa ett konstverk som Picasso sa, så är det lite otacksamt när betraktaren åker moped genom Louvren. Ove Wikström har i boken om *Långsamhetens lov* använt den liknelsen som undertitel för att skildra dagens samhälle. För ofta skyndar vi genom gallerierna och ägnar på sin höjd några minuter åt mästerverken som hänger på väggarna. I sin bok skriver Wikström om hur dagens människor inte hinner stanna upp och fördjupa sig, varken i livet eller i konsten. Som en motreaktion mot vardagens fläkt och stress har det runt om i världen skapats en långsamhetens motståndsrörelse. Det finns en Slow Food rörelse och naturligtvis en Slow Art rörelse.

'Slow Art' grundades 2008 av Phil Terry som under en dag tillbringade flera timmar på ett museum bara med att betrakta de två konstverken Hans Hoffmans *Fantasia* och Jackson Pollocks *Convergence*. Slow Art har sedan dess vuxit och blivit en global rörelse där frivilliga arrangerar olika evenemang den 11 april varje år för att människor ska kunna titta länge och noggrant på konst i lugn och ro. Det rör sig nu inte om timmar utan konceptet är ganska enkelt. Deltagarna tittar på fem konstverk tio minuter i taget och därefter diskuterar man sina upplevelser över en lunch. Henry David Thoreau-citatet "It's not what you look at that matters, it's what you see" står på hemsidan som rörelsens motto. Man ska kanske tillägga att det inte är tiden som du ägnar framför ett konstverk som är det viktigaste, utan vad du upplever och bär med dig efter mötet.

Från kärleksförklaringar till Viagrareklam

Jag fick nyligen ett kärleksbrev från Jack. Jack är en 54 årig nyskild affärsman som hade fått syn på min profilbild på nätet och tyckte att jag såg elegant, sexig och vacker ut. Han ville att jag skulle mejla honom och berätta lite mer om mig själv. Jag blev naturligtvis smickrad men jag är rädd för att Jack inte är så ärlig som han verkar. Jag misstänker att han skickat samma smickrande mejl till minst en miljon andra mottagare.

Vi känner igen dem, frånskilda affärsmän, ryska romantiska kvinnor, nigerianska arvvingar och representanter från UK-LOTTO som skickar oss vänliga mejl med löften om guld och gröna skogar. Kort och gott, detta gissel som vi till vardags kallar skräppost och som vi dagligen tvingas brottas med i våra inkorgar.

Man kan krasst konstatera att brevets position i konsten de senaste århundradena har degenererat. Från ett handskrivet brev i Johannes Vermeers målning *Kvinna i blått som läser ett brev* (1664) till ett rum fyllt med strimlad skräppost i Barbara Hashimotos installation *Sea of Junk Mail* (2008). Brevet har liksom konstverket förändrats från att vara ett unikt fysiskt objekt som ett kärleksbrev i handen på en ung kvinna vid sitt skrivbord, som i Jean Honoré Fragonard målning *Kärleksbrevet* från 1770, till att bli en digital massprodukt som man enkelt kan kopiera och sprida till ett stort antal människor, som affärsmannen Jacks kärleksinvit. Brevets privata ton, som i Vermeer och Fragonards målningar gestaltas av att kvinnorna läser sina brev i avskildhet, har också förändrats och allt mer glidit över i den offentliga sfären och ut på de sociala mediernas arena.

Att göra konst av brev, det som på engelska kallas 'Mail art' uppstod på 50- och 60-talet och var ett sätt för konstnärer att dela med sig av sina idéer och konst till informella nätverk. Konstnärerna skickade teckningar, kollage, instruktioner eller andra konstverk som fick plats i ett kuvert. Man skapade även egna frimärken och stämplar till breven som man skickade till sina bekanta. Den amerikanska konstnären Ray Johnson anses vara den första Mail art-konstnären och han bildade också det första nätverket som fick namnet *the New York Correspondence School*.

Mail art växte till en global rörelse och nådde sin storhetstid i början av 90-talet. Den ökade portokostnaden och internets framväxt gjorde att Mail art minskade i betydelse och en del av rörelsen flyttade över till internet. Eftersom brev med konst nu kunde skickas digitalt till i princip hur många mottagare som helst utan extra arbete eller kostnad, så försvann också en del av det unika i Mail art rörelsen. Istället började en del av konstnärerna att intressera sig för en annan typ av brev, den oönskade växande strömmen av skräpmejl som sprids över nätet av anonyma spammare.

Har du förresten någonsin undrat hur dessa fiktiva avsändare av skräppost ser ut? Fotografen Christina de Middel hade precis som resten av oss under fler år fått spam från personer som ville ha hjälp på olika sätt. de Middel började fundera över hur personerna som skickade alla dessa brev egentligen såg ut? Berättelserna i mejlen var ofta otroliga och hade en dramatisk bakgrund som skulle spela på våra känslor av barmhärtighet och girighet. de Middle letade i breven efter detaljer, och med hjälp av beskrivningarna och en del fantasi skapade hon fotoserien *Poly-Spam* (2009). Här möter vi banktjänstemannen mr David Kodjo från republiken Togo som sitter bakom sin dator. Mr Kodjo har upptäckt ett konto med 18 miljoner dollar som tillhör landets förolyckade idrottsminister. Han behöver omedelbart din hjälp för att föra ut pengarna ur landet och du kommer naturligtvis bli rikligt belönad om du hjälper till. I ett annat fotografi ser vi Grace Smith som sitter på en säng i en spartansk lägenhet oroligt väntandes på ditt svar. Henne far har nyligen dött och hennes mor är svårt sjuk i cancer. Dessutom måste hon gifta sig för att kunna få ut sitt arv på fem miljoner pund. Du kan väl visa lite barmhärtighet med den stackars kvinnan och ingå ett skenäktenskap som kommer att göra dig rik?

Kanske finns det bakom alla dessa skräpmejl en inneboende dold estetik? Konstnären Alex Dragulescu från Rumänien arbetar med att visualisera datamängder. Han har bland annat visualiserat koden från olika datavirus så att de får organiska former som påminner om riktiga virus och bakterier. Dragulescu har även gett sig i kast med skräpposten. Genom olika matematiska algoritmer analyserar ett dataprogram skräpposten. Programmet analyserar allt från IP-adress, ämnesraden till den språkliga sammansättningen i mejlet och använder sedan informationen för att välja färger och former på den datagenererade bilden. På dataskärmen växer det sedan fram tredimensionella *Spam Plants* (2005) som påminner om blommor och koraller. Dragulescu har också visat att spam kan användas för att skapa arkitektoniska modeller så kallade *Spam Architecture* (2005). Enligt samma princip som *Spam Plants* analyseras skärposten och datorn tar fram en tredimensionell modell av en byggnad. Kanske vi i framtiden kommer bo i dessa spambyggnader med en arkitektur som består av halvfärdiga, spretiga och öppna konstruktioner?

En annan konstnär som använder spam för att skapa skulpturer är Ethan Ham. I verket *Email erosion* (2006) har han placerat ett stort frigolitblock i en stålbur. Längs stålburens sidor rör sig en mobil vattenspruta som är kopplad till en dator och internet. När skräppost registreras av datorn så sprutar munstycket färgat vatten på frigolitblocket och eroderar på så sätt ytan. Med tiden kommer sprutan automatiskt att mejsla ut en skulptur ur frigoliten beroende på skräppostens karaktär och frekvens. Med tanke på den exponentiella utvecklingen när det gäller spam i världen så skulle det idag inte dröja så länge innan hela frigolitblocket var nedbrutet till smulor. Det beräknas att ungefär 100 miljarder skräpmejl skickas varje dag! Så om man skulle skriva ut alla dessa miljarder skräpmejl skulle vi snart drunkna i det hav av skräppost som konstnären Barbara Hashimoto skapade 2009 som en del av projektet *The Junk Mail Experiment*.

Hashimoto samlar nu på fysisk skräppost (det vill säga reklam som delas ut i brevlådor) som hon sedan strimlar och skapar installationer av. Vanlig skräppost är kanske nästan värre än elektronisk på så sätt att det bara i USA går åt 100 miljoner träd för att producera all reklam som skickas ut till hushållen. I sina installationer försöker Hashimoto visualisera denna enorma mängd och miljöpåverkan, genom att skapa installationer som visar ett hav av papper som fyller en hel konsthall, eller bygga upp ett landskap med berg och dalar i galleriet. I performancen *Shredded Junk Mail with Grand Piano* som genomfördes i konstnärens ateljé bjöd Hashimoto in en vän som satt och spelade på en flygel medan Hashimoto slängde strimlad skräppost på pianot tills pianisten bokstavligen drunknade under pappersmängden och tvingades sluta spela. För Hashimoto var performancen en bild för hur konstens budskap riskerar att drunkna i den strida ström av intryck som sköljer över oss varje dag från sociala medier och reklam. Det är en liknelse som man lika väl skulle kunna tillämpa på den elektroniska skräppostens inverkan på vår digitala kommunikation.

De som står bakom alla denna skräpmejl är nu också människor som bär på drömmar, och som också kan falla för ett lockande blufferbjudande. 419eater.com är en community som slår tillbaka mot bluffmakare med deras egna metoder. I en av trådarna hittar man en spännande brevväxling mellan en spammare och dess "offer". Det är en utstuderad dubbelbluff som i en annan kontext skulle kunna ha varit ett konceptuellt konstverk av en samtidskonstnär. Det hela äger rum kring 2006 då bedragaren John Boko kontaktar sitt offer med ett affärsförslag. Offret, som gömmer sig bakom pseudonymen Derek Trotter, utger sig i sin tur för att vara en framstående gallerist som söker efter en träkonstnär och är villig att betala bra för att hitta rätt person. Lockad av pengarna kliver bedragaren fram med sitt eget namn och anmäler sitt intresse att hjälpa till. Trotter ger nu bedragaren i uppgift att skicka honom träskulpturer, föreställande figurer från en TV-serie och en Commodore 64 dator, i naturlig storlek med löfte om ett arvode på $25.000. Skulpturerna anlände som utlovat till Trotter, men några pengar får inte spammaren utan istället får han en tid senare ett mejl från "polisen" som berättar att han blivit blåst av en känd konstbedragare. Hela den fascinerande mejlväxlingen hittar man på hemsidan:

http://www.419eater.com/html/john_boko.htm

där det också finns bilder av träskulpturerna som tillsammans med dokumentationen borde höra hemma på ett museum. För det är vad jag vet de enda konstföremål som en spammare har lyckats producera.

Det där kan min robot göra bättre

Kallar du det där för konst? Min robot skulle kunna göra det mycket bättre! Kanske kommer konstnärer att ersättas av robotar i framtiden. Påståendet får nog en del att rynka på ögonbrynen för kreativitet är väl ändå något unikt mänskligt? Konst kan man väl inte skapa på artificiell väg, eller? Det är naturligtvis en komplex fråga, men i grunden är det en fråga om verklighetsuppfattning. Tror vi att vår värld består av förutbestämda fysiska lagar som kan förklaras med matematiska formler? Ja, då måste vi också anta att ett konstverk kan förklaras matematiskt men även skapas med hjälp av en algoritm, det vill säga en samling definierade matematiska formler i en dator. Varför skulle den mänskliga kreativiteten skilja sig nämnvärt från naturens skaparkrafter? "Naturens stora bok är skriven med matematikens språk" sa den italienska 1500-tals fysikern och astronomen Galileo Galilei. Allt som vi ser runt omkring oss som landskap, skuggor, träd och blommor kan vi återskapa i en dator med hjälp av datoralgoritmer. Vår verklighet verkar vara uppbyggd av matematik och då borde algoritmer också vara den perfekta utgångspunkten för att skapa konst.

Låt mig därför presentera e-David den målande roboten. Han föddes 2009 på Universität Konstanz i Tyskland och var från början en vanlig industrirobot som användes för att tillverka bilar, men e-David hade en passion, han älskade nämligen att måla. Hans föräldrar hade visserligen en ganska oromantisk syn på konsten. De ansåg att måla kan jämföras med en optimeringsprocess där färg manuellt överförs till en duk tills konstnären kan urskilja motivet. e-Davids kreativa process skiljer sig på så sätt inte mycket från mänskliga konstnärers. De har en bild som de försöker avbilda på duken genom att blanda olika färger på en palett. Under arbetet med målningen behöver den ibland justeras för även en robot kan droppa färg och göra små misstag. e-David har därför en kamera som dokumenterar hans framsteg och det finns en återkoppling som jämför målningen på duken med originalmotivet så att målningen hela tiden kan justeras. e-David målar helst svartvita bilder med föreställande konst av människor, djur och träd. På så sätt skiljer han sig inte heller från många mänskliga kollegor.

Vill man vara lite elak kan man säga att e-David är duktig på att avbilda saker, och hade e-David levt på 1800-talet då realistiskt måleri var på modet så skulle han säkert kunnat försörja sig som konstnär genom att måla porträtt och landskap. Idag skulle e-David möjligen kunna få jobb på en av de kinesiska konstfabrikerna dit du kan skicka ett foto av familjen eller av ett klassikt konstverk och sedan få tillbaka en riktig handmålad oljemålning att hänga på väggen. e-David bevisar visserligen att tekniken för mänskligt måleri kan återskapas med hjälp av algoritmer och utföras av en robot, men räcker det för att den ska betraktas som en riktig konstnär? Jag är nu ganska säker på att om e-David hade haft en utställning på ett galleri så skulle de flesta tro att hans målningar var gjorda av en människa, men å andra sidan har det även gjorts försök med att låta apor, elefanter och småbarn måla tavlor som sedan ställts ut som verk av en riktig konstnär, och det har också gått ganska bra. Bara genom att titta på ett konstverk kan vi inte alltid avgöra om det är gjort av en robot, ett djur eller en utbildad konstnär.

Det finns en enkel med lite tråkig definition av ett konstverk och det är att det måste vara en juridisk person som skyddas av upphovsrätten som har skapat det. Ett djur är inte en juridisk person och konstverk skapade av djur faller därför inte under upphovsrätten. I en domstol i USA avgjordes 2014 den nu berömda tvisten om selfie-apan. En apa hade tagit ett antal fotografier av sig själv med hjälp av naturfotografen David Slaters kamera. När bilderna hamnade på Wikipedia hävdade Slater att man bröt mot upphovsrätten genom att publicera fotografierna. Domstolen i USA och många experter var dock eniga om, att eftersom det var apan som tagit bilderna och apan inte var en juridisk person var inte heller bilderna skyddade av copyrightlagen. Hur det förhåller sig med roboten e-Davids målningar vågar jag inte svara på, men jag misstänker att roboten betraktas som ett verktyg skapat av människor och att hans målningar därför enligt copyrightlagen tillhör robotkonstruktörerna. Utvecklingen inom AI-Artificiell intelligens går dock snabbt framåt och snart kommer juridiken även behöva ta ställning till frågor om robotars rättigheter och skyldigheter. Kanske kommer även robotkonstnärer att erkännas copyrighten till sina verk i framtiden.

Industrirobotar som e-David kan användas på många olika sätt för att skapa konst. Man kan sätta en motorsåg i robotens klo så den kan såga ut träfigurer, eller en penna som i installationen bios [bible]. Roboten Der Bibelschreiber (2007) som skapats av gruppen robotlab ägnade nio månader åt att med kalligrafisk skrift kopiera Bibeln på en stor bokrulle, på samma sätt som munkarna förr i tiden manuellt brukade skapa vackra illuminerade handskrifter. År 2014 gjorde man en ny installation bios [torah] som under sommaren fanns installerad på Judiska Museet i Berlin. På en 80-meter lång rulle skrev roboten av den heliga judiska skriften. För både kristendom och judendom är skriften helig, och frågan som ställs i installationen är om det finns samma värde och själ i en text som kopieras för hand av en människa som av en robot eller om det bara är frågan om en mekanism upprepning?

Det finns även konstnärer och forskare som skapat robotkonstnärer som arbetar mer med abstrakt och spontan konst. Till en utställning i Japan 2011 gjorde konstnärerna So Kanno and Takahiro Yamaguchi Senseless robot. Det är en robot som åker längs en vägg och målar med olika färger i abstrakta mönster. Här har konstnärerna försökt att efterlikna det spontana och lite galna i den kreativa processen. JacksonBot, som skapades 2010 av några forskare i Tyskland, är som namnet antyder en robot som kan måla som Jackson Pollock. Utgångspunkten är nu inte riktigt det spontana, utan ett antal algoritmer som beskriver Jacksons målningar och en gnutta slump för att få in extra variation i verken. Roboten doppar helt enkelt sin pensel i färgburken och skvätter sedan ut färgen på duken vilket skapar målningar som påminner om Pollocks Action Paintings. BNJMN är en lite mer meditativ och minimalistisk robotkonstnär som skapades på Basels konstakademi av Danilo Wanner and Travis Purrington. BNJMN är helt autonom, det vill säga färdigprogrammerad med alla sina färdigheter. Han åker själv runt i lokalen och letar efter ett blank papper att rita på. Konsten skapas spontant genom slumpmässiga algoritmer. Ingen människa behöver förse honom med instruktioner eller förlagor, och precis som en riktig konstnär signerar BNJMN sina verk i hörnet när han är klar.

Den engelska professorn i kognitiv psykologi Margaret Boden, menar att det finns två typer av kreativitet "exploratory and transformational creativity". Den utforskande kreativiteten är när du utforskar och förändrar en redan befintlig stil, något som man kan lära en robot att göra. Den andra typen av kreativitet handlar om hur man kan överföra en idé från ett område till ett annat. Till exempel när man lyfter in en social eller politisk agenda i en målning. Den här typen av kreativitet är mycket komplex och kräver djupa kunskaper inom flera områden och här går robotarna än så länge bet. De kan visserligen skapa målningar inom en konststil med oändliga variationer, men de kan inte föra in undertexter och idéer från andra områden i sina verk. Konst handlar sällan om bara det vi ser, utan konstens värde ligger istället på många andra plan. Det kan vara idéer och kontexter som finns i vårt samhälle eller existentiella frågor om att vara människa som konstnären bäddar in i konstverket och som betraktaren sedan kan avläsa.

Kreativitetens innersta väsen är något som konstnären Harold Cohen har funderat på under de senaste 30 åren när han har utvecklat robotkonstnären Aaron. Aaron är ett projekt som ligger i gränslandet mellan artificiell intelligens och konst. Aaron kan inte lära sig nya konststilar själv utan han måste programmeras, men när det är gjort kan han skapa oändligt många bilder med olika variationer i samma stil. Ungefär som när den franska impressionisten Claude Monet under åren 1890-91 målade 25 tavlor med höstackar i olika ljus och väderförhållanden. Cohen säger inte att Aaron är kreativ men att det i dialogen mellan Cohen och Aaron ändå uppstår en kreativ dialog som resulterat i konst som är specifik för robotkonstnären Aaron. Aaron är nu trots sin avsaknad av mänsklig kreativitet en framgångsrik konstnär som fått ställa ut på gallerier runt om i världen, bland annat på Venedig Biennalen och Tate Gallery i London.

e-David, Aaron och BNJMN är bara några exempel på robotkonstnärer som kan skapa konst som besökare på en utställning inte skulle kunna skilja från en riktig konstnärs verk. Frågan är inte om robotar kan skapa konst eller inte, för det kan de, utan frågan är snarare när de kommer bli tillräckligt medvetna om att de skapar konst och själva börja se sig själva som konstnärer.

På vernissage med en avatar

När man står där och trängs med alla människor för att få en glimt av den mystiskt leende *La Gioconda* undrar man om det verkligen var värt alla timmars köande och pengarna? För att parafrasera Göran Palms dikt *Havet* från 1964: "Jag står framför Mona Lisa. / Där är den. / Där är Mona Lisa. / Jag tittar på målningen./ Mona Lisa. Jaha. / Jag är på Louvren." Hade man inte lika väl kunna stannat hemma framför sin dator med en kopp kaffe och njutit av en virtuell *Mona Lisa*?

Drömmen om det virtuella museibesöket började på allvar ta form i början av 2000-talet. Online-världar som *Second Life* lockade museum att öppna virtuella filialer för att nå nya målgrupper. I augusti 2007 skrev SvD om Nationalmuseet i Sverige som ställde ut fyra klassiska svenska konstverk på den nyöppnade Svenska Ambassaden i *Second Life*. Det var samma år som det första virtuella konstmuseet öppnade i *Second Life*. Bakom satsningen stod det statliga konstmuseet i Dresden som återskapade sitt galleri med gamla mästare i den virtuella världen. De flesta virtuella museibesök i början av 2000-talet hade nu en betydligt enklare form. Ibland räckte det att museet hade en hemsida med digitala konstverk för att man skulle använda begreppet virtuellt museum. I mer avancerade fall fanns det en 360 graders panoramabild av ett galleri så man kan titta runt i, eller i några enstaka fall enkla 3D-modeller som man kunde vandra omkring i. Upplösningen på konstverken var ofta låg och det gick långsamt att navigera runt i gallerierna. Men det var ändå här man på allvar började digitalisera vårt kulturarv och göra det tillgängligt på nätet.

Idag har de flesta museum digitaliserat stora delar av sina samlingar. Konstverken finns i sökbara databaser med högupplösta bilder där du kan zooma ner till minsta penseldrag. Till verken finns ofta pedagogiska video- eller ljudklipp där curatorer och konstpedagoger berättar om verken. Interaktiva kataloger och tidslinjer är andra exempel på hur dagens museum arbetar med sina samlingar. Eftersom museerna bara har möjlighet att visa en bråkdel av alla sina verk och många av verken är alldeles för sköra och dyrbara för att flyttas omkring, ger den digitala samlingen besökare och forskare tillgång till hela museets repertoar. Museerna har även tagit fram digitala strategier, som till exempel Tate Gallery i London, om hur de ska arbeta med samlingarna, utställningarna och publiken i den digitala samtiden. En av de senaste digitala satsningarna från Tate Gallery handlar om att använda dataspelet *Minecraft* för att återskapa några kända konstverk ur samlingen som 3D-världar som besökaren kan går runt i.

Att etablera sig i ett populärt dataspel kan verka som en bra idé, men i längden är det en dålig strategi. Hypade spel som *Second Life* eller *Minecraft* har ofta en begränsad livslängd och risken är stor att spelarna snart drar vidare till nästa tekniska landvinning från dataspelsbranschen. Museet står då kanske där med en dyr virtuell kopia i öde spelvärld. Att vara närvarande i digitala världar, precis som i sociala medier och på digitala plattformar, där man kan nå en ny publik, är förstås klokt och många museer arbetar redan aktivt för att förbättra våra virtuella besök.

Företaget Google driver sedan några år tillbaka projektet *the Google Cultural Institute* där man samarbetar med museum runt om i världen för att digitalisera deras samlingar och arkiv. I en del fall har man använt tekniken "street view" för att skapa virtuella kopior av museerna eller historiska platser som besökarna kan navigera runt i. Drömmen om det virtuella museet lever fortfarande. Man kan tro att när konsten blir så lättillgänglig på nätet borde det leda till att köerna till museerna tunnar ut, men det verkar snarare vara tvärtom. Runt nio miljoner människor besöker varje år Louvren, och *Mona Lisa* är en av höjdpunkterna för besöket. Trots att det är en bild som finns reproducerad överallt från T-shirts till annonspelare, och det faktum att konstverket finns tillgängligt på nätet i HD-kvalité, så vill människor vara på plats i Louvren tillsammans med alla andra nyfikna människor från jordens alla hörn och se originalet. Det är som med live-konserter, även om nästan all musik idag finns online och vi kan se videos med våra favoritartister, så väljer allt fler att gå på konserter. För live-känslan går inte att återskapa digitalt. Även om ljudet är kasst, det spöregnar och man står så långt bort att man knappt ser artisten, så finns det en upplevelse som den digitala världen, i alla fall än så länge, inte kan ersätta, och det är att vara på plats och se det unika originalet som det bara finns ett enda av.

Det kan nu finnas många anledningar till att man inte kan besöka ett museum. Det kan vara ekonomi, tid, sjukdom eller ålder. Den allt äldre befolkningen i Europa skapar nya utmaningar för museum runt om i världen. Det pågår därför olika projekt som ska ta museet till de äldre istället för de äldre till museet. Nordiska Akvarellmuseet på Tjörn håller på att prova framtidens museiguide. Det är en robot som åker runt i museet och visar utställningen för personer som bor på äldreboenden. Roboten bli besökarens ögon och öron och man styr den med några enkla knapptryckningar. Även här har Tate Gallery varit pionjärer. Under våren 2014 hade man ett försök där besökarna hemma vid sin dator kunde styra några robotar som åkte runt i Tate Gallery och utforskade samlingarna när museet hade stängt.

Man skulle kunna tänka sig att man i framtiden kan hyra en av dessa robotguider när museet har stängt för kvällen. På så sätt kan man göra samlingarna tillgängliga dygnet runt. Det skulle också kunna vara en bra lösning där tidsskillnaden mellan museet och besökaren är stor. Till exempel europeiska besökare som vill besöka museer i USA. När museet i USA stänger för allmänheten så öppnas det för europeiska besökare som kan logga in och hyra en robot eller varför inte en liten drönare som du flyger runt i samlingarna och upplever konsten med. Det kommer förstås att finnas platser där du inte har möjlighet att hyra en robot, men då finns det andra alternativ.

Om du till exempel vill besöka en vernissage på ett litet galleri i New York eller se en unik performance i Istanbul och varken har tid eller pengar för att resa dit, då skulle du istället kunna hyra en avatar som besöker utställningen åt dig. Företaget *Omipresenz.com* har som affärsidé att du kan låna en person i ett annat land som besöker olika turistmål åt dig. Personen är utrustad med kamera och mikrofon så att du kan uppleva allt som händer live hemma vid din dator. Det är ett koncept som man skulle kunna utveckla inom konstvärlden. Man hyr en person som går på intressanta vernissager och evenemang när du själv inte har möjlighet att närvara. Genom din dator kan du se och höra allt som händer och till och med prata med de andra besökarna. I framtiden låter du helt enkelt din avatar gå på vernissagen åt dig.

En död haj är inte konst

Plötsligt ur djupet dyker den upp. Vattenytan exploderar när de vidöppna käftarna med vassa tänder hugger mot det hjälplösa offret som sprattlar i vattnet. Jag tror att fler än jag kommer att tänka på Steven Spielbergs skräckfilm *Hajen* från 1975 när man hör någon berätta om en hajattack. Den amerikanska konstnären John Singleton Copleys oljemålning *Watson and the Shark* från 1778 är konsthistoriens förlaga till filmen. Målningen visar hur den 14-åriga Brook Watson fridfullt simmar i hamnen i Havanna när han plötsligt blir attackerad av en stor haj. På målningen verkar det nästan som om pojkens nakna bleka kropp svävar i vattnet medan han desperat sträcker ut sin hand till räddningssällskapet i roddbåten. Det behövdes nu tre räddningsförsök innan man lyckas rädda Brook och då hade hajen redan lyckats bita av honom det ena benet. På målningen har hajen ännu inte gått till angrepp. Den närmar sig snabbt från högra sidan med uppspärrat gap och man behöver bara lägga till ledmotivet till filmen *Hajen* för att skapa rätt stämning: *Duuun dun duuun dun dun dun dun dun dun...*

Hajen som motiv i konsten verkar annars vara en begränsad historia. Andelen intressanta konstverk som har hajar som tema kan man lätt räkna på sina fingrar. Precis som i fallet med Copleys målning beskrivs hajen ofta som en människoätande best. I Winslow Homers målning *The Gulf Stream* från 1899 ser vi en ensam sjöman på en segelbåt med bruten mast som driver vind för våg på havet. Runt båten cirkulerar ett stim hajar väntande på sin middag. Denna bild av hajen som människoätare har cementerats i filmer som *Hajen* och sedan förstärkts och odlats av populärkulturen, senast i B-skräckisen *Sharknado* (2013). Denna kultförklarade film, med en bortglömd Beverly Hills skådis i huvudrollen (Ian Ziering), handlar om hur en stor tornado suger upp havsvatten med ett stort stim med hajar utanför Los Angeles kust. Stormen släpper sedan sin dödliga nederbörd över staden. Ett gäng människor utrustade med diverse tillhyggen som basebollträn och motorsågar försöker överleva dagen. Hajslakten kan därmed börja och fortsätter naturligtvis i uppföljaren som utspelar sig i New York.

Egentligen borde någon djurskyddsorganisation stämma Spielberg och *Sharknados* skapare för deras stereotypa bild av hajen. Hajen är i ett stort behov av ett försvarstal för att återupprätta sitt dåliga rykte. Det är en djurform som man tror har funnits runt 400 miljoner år på jorden. Hajar existerade alltså 200 miljoner år innan dinosaurierna. Hur många människor dödas då av hajar varje år? Man räknar med att runt tio personer per år dör i hajattacker vilket är en stor obalans mot de 100 miljoner hajar som vi människor slaktar varje år. De flesta som blir angripna av hajar är ute och simmar eller surfar på djupt vatten. Eftersom hajens syn inte är den bästa, den ser hyfsat bra under 15 meter, så är det kanske inte så underligt att människor som ligger och sprattlar vid vattenytan med en kontur som påminner om en säl attackeras av hajar. Tio personer är ju ändå tio personer tänker du, men om du är rädd för hajar borde du vara mer rädd för kor. För tjugo personer dör varje år bara i USA på grund av kor och befinner du dig i vatten ska du definitivt akta dig för giftiga maneter som dödar betydligt fler människor än hajar. Man kan inte låta bli att undra varför det inte görs några skräckfilmer om giftiga maneter? Slutligen om du är rädd för att bli dödad av ett blodtörstigt djur så är ett av de dödligaste också ett av de minsta, närmare bestämt den blodsugande malariamyggan som dödar runt en miljon människor per år.

Hajen har inte bara fått ett rykte om sig att vara dödlig utan dessutom girig. Tänk bara på ordet börshaj, en person som girigt och hänsynslöst jagar vinster på aktiemarknaden. Konstnären Damien Hirst är känd för att provocera med sin konst och dessutom tjäna bra med pengar på det han gör. I verket *The Physical Impossibility of Death* från 1991 har Damien ställt ut en tigerhaj i ett akvarium fyllt med formalin. Tigerhajen ingår i serien *Natural history* där man hittar flera andra sorters djur i glastankar som Hirst konserverat i formalin. Hirst är nog en av del flitigaste konstnärerna när det gäller att använda sig av hajar som motiv. Förutom *The Physical Impossibility of Death* har Hirst även skapat andra verk med hajar i formalin, som *The Immortal* (1997 - 2005) och *Theology, Philosophy, Medicine, Justice* (2008). Till detta tillkommer en rad målningar och skulpturer föreställande hajkäftar.

The Physical Impossibility of Death räknas till ett av Englands viktigaste konceptuella konstverk från 90-talet. I boken *The $12 Million Stuffed Shark: The Curious Economics of Contemporary Art* (2010) av Don Thompson har Hirsts verk fått symbolisera den överhettade konstmarknaden. Alla tycker nu inte att Hirsts uppstoppade haj är konst eller ens värd pengarna. Den brittiska figurativa konströrelsen stuckism som grundades 1999 av Billy Childish and Charles Thomson skapade konstverket *A Dead Shark Isn't Art*. Man lånade helt enkelt en uppstoppad haj från en elaffärs skyltfönster och ställde sedan ut hajen i galleriets fönster våren 2003. Det nya "konstverket" kunde man dessutom köpa för endast en miljon pund och därmed spara 8.5 miljoner mot vad Hirsts original kostade. Även om stuckistkonstnärerna till vardags sysslade med figurativ konst så kan man ändå säga att de omedvetet lyckades skapa ett spännande konceptuellt verk som jag i alla fall tycker är intressantare än Hirsts stela haj. Vilket förstås är lite paradoxalt då stuckismen grundades som en proteströrelse mot den konceptuella konsten. Det ligger nu något i stuckisternas kritik eftersom det visade sig att Hirsts haj var så dåligt konserverad att den började ruttna efter några år och fick bytas ut till en ny haj. Man kan inte låta bli att tänka på det något förvanskade Hamletcitatet: 'Något är ruttet uti konstens rike.' Hirsts haj blir på så sätt även en symbol för girigheten, inte hajens, men väl konstmarknaden och dess spekulationsaffärers, där dåligt hantverk och dålig kvalité trissas upp till fantasisummor.

Att det inte finns så många konsthistoriska förlagor med hajar är något som den amerikanska konstnären Frank Stella påminner oss om. Stella har gjort assemblage som *The Shark Massacre* (1988) och *Study for Watson and the Shark no. 2* (1990). Det är Copleys bekanta målning som dyker upp igen och som har inspirerat Frank Stella. Även Mike Kelly har använt sig av Copleys målning när han skapade verket *Profondeurs Vertes* (2006) för en utställning på Louvren i Paris. *Profondeurs Vertes* är en trekanals videoverk där bilder av målningen *Watson and the Shark* och *Recitation* (1891) av Thomas Wilmer Dewing projiceras på flera skärmar. Ett ljudspår med vågor, knirrande trädstammar och romantisk musik som så småningom övergår till en orkestertolkning av Copleys hajattack inramar hela installationen. Det är svårt att inte jämföra Kellys installation med Spielbergs film *Hajen* där bild och ljud också unisont skapar stämningen av hajattacken. Även om anspelningar på Copleys målning återkommer på flera ställen i samtidskonsten så är jag ganska säker på att Spielbergs film har haft större inflytande och betydelse för dagens bild av hajen. En bild som tyvärr är väldigt ensidig och som håller på att leda till att många hajarter hotas av utrotning. Hajar har fått ett oförtjänt dåligt rykte i bildkonsten, något som började med Copleys målning i slutet på 1700-talet. Det är betydligt lättare för människor att bry sig om andra utrotningshotade djur som "söta" pandor. Pandor tillhör som bekant björnsläktet och som du säkert listat ut så är risken större att bli attackerad och dödad av en björn än av en haj.

Stämpla dina sedlar – aktivism och pengar

Beställ redan idag ditt eget set med aktiviststämplar. Du kan sedan enkelt och effektivt stämpla och sprida ditt budskap på sedlar av olika valörer. Så lyder uppmaningen från den amerikanska konstnären Joseph DeLappe.

Sedan början av 2000-talet har DeLappe ägnat sig åt aktivistkonst på olika arenor som i dataspel, sociala medier och nu senast på riktiga pengar. Från konstnären kan du beställa tre olika stämplar med olika politiska budskap: *Sea level rising*, som består av en våglinje som symboliserar havsnivån som stiger på grund av klimatförändringar. *Hands up don't shoot*, som visar en siluett av en människa som sträcker upp sina händer. Det var i samband med polisens dödskjutning av Michael Brown i Ferguson Missouri i augusti 2014 som begreppet började användas av demonstranter som protest mot den rasism som finns inom den amerikanska poliskåren mot svarta medborgare. Med den tredje stämpeln *In drones we trust* kan du stämpla ett drönarflygplan på sedeln. DeLappe har i flera tidigare konstverk kritiserat USA:s användning av drönare, som är obemannade flygplan som används i till exempel Afghanistan för att bekämpa terrorism. På baksidan av en tiodollarsedel finns en stor myndighetsbyggnad med den amerikanska flaggan vajandes från taket och texten "In God We Trust". DeLappe insåg att det var en perfekt bakgrund för att stämpla en hotfull siluett av en drönare som svävade över det amerikanska samhället och verket fick också namnet *In drones we trust*.

Att göra konst av pengar eller att förändra pengars utseende väcker förstås frågan om det är lagligt. DeLappe är nu inte först med att stämpla på pengar utan han har inspirerats av den ideella gräsrotsrörelsen *The Stampede* som på sin hemsida förklarar att det är lagligt att stämpla eller skriva på pengar i USA så länge man inte förstör dem eller ändrar utseendet så mycket att sedeln inte går att känna igen. *The Stampede* stämplar pengar med budskap som "Not to be used for bribing politicians" och "Stamp money out of politics" med syfte att försöka få till en lagändring så att företag och rika personer inte ska ha möjlighet att påverka politiker genom olika former av ekonomiska bidrag.

Även om kontantanvändningen minskar när vi allt oftare använder kreditkort så finns det fortfarande mycket pengar i omlopp och en stämplad sedel kommer att passera genom många händer innan den tas ur bruk. Att stämpla på sedlar är därför ett enkelt sätt att få ut sitt budskap. En grekisk konstnär som går under namnet Stefanos började i februari 2014 att rita olika figurer på euro-sedlar som han sedan publicerade på hemsidan *banknotes.gr*. På sedlarna, som i vanliga fall bara visar byggnader, har Stefanos placerat in människor och obehagliga situationer från den ekonomiska krisen i Europa. Man kan se en person som dinglar från en snara från en hög byggnad, fattiga som tigger på gatorna och människor som protesterar. Den ekonomiska krisen i Grekland, och euroländernas hårda krav på landet att städa upp i finanserna, har som bekant lett till stora protester och fattigdom. På sedlarna visar Stefanos sitt missnöje mot EUs ekonomiska politik där banker och giriga företag tjänar stora pengar på spekulationer medan det är vanliga människor som får betala notan. Men ju större vinster företagen drar in desto fler protestsedlar från Stefanos kommer de att få i sina plånböcker.

Det är fler som tycker att banker och företag är bovar som stjäl pengar från vanligt folk. Den kaliforniska konstnären Matty Mo ligger bakom konstprojektet *The Most Famous Artist*. Bland annat ägnar han sig åt att måla rånarluvor på människor som finns avbildade på sedlar från olika delar av världen. Symboliken är tydlig, de ekonomiska giganterna stjäl våra pengar, de är inte bättre än maskerade rånare. Att pengar används för att kritisera det ekonomiska systemet som trycker och tillhandahåller pengarna är en smart strategi. För om man förstör sedlarna med det kritiska innehållet så förstör man också värdet av det man vill bevara och försvara, men behåller man dem så sprids budskapet till allt fler människor ju mer de används.

Ännu ett exempel är konstnären Rirkrit Tiravanija som blivit känd för sina konstprojekt där han bland annat lagar och serverar mat till människor. År 2011 gjorde han utställningen *Fear eats the soul* på galleriet Gavin Brown's Enterprise. Förutom att servera thailändsk nudelsoppa till besökarna fanns det en T-shirt verkstad där man kunde trycka tröjor med texten "Fear eats the soul". Budskapet återkom även i utställningen på väggar, på tidningsutklipp och även stämplat på dollarsedlar.

I Sverige har vi den uppmärksammade historien med horkarlsmyntet. Det var under sommaren 2012 som det började dyka upp falska enkronor där texten "Carl XVI Gustaf Sveriges konung" ersatts med texten "Vår horkarl till kung". Bakom konstprojektet låg Karl Fredrik Mattson, amatörkonstnär och copywriter. Myntet hade präglats i åtta kopior och prånglats ut via släktingar som kontaktade medierna om det ovanliga myntet. Medierna plockade snabbt upp historien om de mystiska mynten och snart var hela landet engagerat i jakten på falskmyntaren. Om syftet med projektet var att rikta kritik mot monarkin eller bara ett sätt för skaparen att skapa uppmärksamhet framgick aldrig riktigt.

En tidigare variant av konstnärlig myntförfalskning hittar vi hos konstnären Pär Lindblom. Han skapade år 1995 tio riktiga guldtior som bestod av 18 karat guld vilket innebar att myntet var betydligt mer värt än det symboliska värdet som stod på myntets yta. Lindblom tänkte förmodligen på att i början av myntens historia var de bokstavligen värda sin vikt i guld. Mynt hade i början inget symboliskt värde utan värdet låg i vikten av den ädla metallen. Det ledde till att vi i Sverige under 1600-talet präglade några kopparplåtmynt som vägde runt 20 kg. Ett ganska opraktiskt betalmedel att ha i plånboken, vilket förmodligen var anledningen till att man i slutet av 1600-talet lanserade idén med papperslappar som skulle motsvara en viss summa, det som vi idag kallar sedlar.

Sedlar är kanske inte det ultimata sättet att betala med, så i framtiden kommer vi kanske helt att använda oss av virtuella valutor som Bitcoin. Det finns nu inga Bitcoin-sedlar eller mynt lagrade i något stort kassavalv, utan Bitcoin finns bara som nollor och ettor lagrade på en hårddisk. Egentligen är det väl inte mer underligt att vi går omkring med kort som vi stoppar in i olika kortläsare för att överföra osynliga summor mellan köpare och säljare. Faktum är att större delen av vår ekonomi är virtuell och värdet fiktivt och hela illusionen kan, vilket händer ibland, spricka som en såpbubbla. När finansbubblan brister brukar vi förvånade fråga oss hur vår stora och vackra ekonomi bara kunde försvinna framför ögonen på oss. Det hade kanske trots allt varit mer konkret om vi hade blivit tvungna att släpa på ett ton kopparplåtar för att köpa ett hus istället för att bara skriva på ett papper på banken.

Bitcoin har blivit en valuta som många skumma aktörer använder sig av, och är en viktig del av den svarta ekonomin som man hittar på Darknet. Darknet är den mörka och slutna varianten av det öppna internet som vi använder oss av. Konstnärsgruppen !Mediengruppe Bitnik gjorde 2014 en installation på Kunst Halle St. Gallen i Schweiz med titeln *Random Darknet Shopper*. Installationen bestod av en dator med ett program som skapade en automatisk nätköpare som varje vecka fick en budget på $100 för att slumpmässigt shoppa loss på Darknet. Varorna levererades sedan till konsthallen och blev en del av konstverket. Förutom vardagliga saker som ett par jeans dök det också upp mer karaktäristiska föremål från den mörka sidan som ett VISA platinumkort, ett inskannat pass och ecstasy-piller.

Random Darknet Shopper är precis som DeLappes stämplar ett verk som använder sig av pengar för att protestera och skapar diskussioner kring vår ekonomi och vårt samhälle. Skillnaden är att !Mediengruppe Bitnik använder sig av virtuella pengar som man inte kan se. Nackdelen med en virtuell valuta är att det inte är så lätt att stämpla ett budskap på den och sedan sprida det vidare till allmänheten, men det finns säkert tekniska lösningar på problemet. Så nästa gång du betalar med ditt kreditkort eller för över pengar på din internetbank ska du inte bli förvånad om det dyker upp ett irriterande popup-fönster med ett politiskt budskap stämplat över skärmen.

Godfried Schalcken och spöktavlan

Godfried Schalcken (1643–1706) var en briljant holländsk 1600-tals målare, men för eftervärlden har han blivit ihågkommen främst som en karaktär i en gotisk novell. Den irländska författaren Sheridan Le Fanus skrev under 1840-talet tolv noveller om den katolska prästen fader Purcell och samlingen har därför fått namnet *The Purcells paper*. En av berättelserna bär titeln *Strange Event in the Life of Schalken the Painter* (1839). Novellen börjar med att fader Purcell besöker kapten Vandael och på väggen ser en målning av Schalcken som fascinerar honom. Le Fanus skriver att målningen visar en interiör, kanske från en gammal religiös byggnad. I förgrunden står en ung vitklädd kvinna med en lampa i handen och i bakgrunden ser man en man som verkar vara beredd att dra sitt svärd. Vi kan ge en ännu bättre beskrivning av målningen eftersom Le Fanus novell filmatiserades och visades av BBC julen 1979. På målningen är det ett stort ljus kvinnan håller i sin högra hand. Den vänstra handen håller hon kupad runt ljuset för att skydda det mot luftdraget. Hon bär en vit nattdräkt, huvudet är lutat åt sidan och hennes upplysta ansikte fylls av ett gåtfullt leende. Till vänster hänger ett stort rött draperi ner från taket. I bakgrunden ser vi mannen vid en pelare som verkar bära upp ett källarvalv. Han har en lockig peruk, grå dräkt och är i färd med att dra upp sitt svärd som om en fara hotar honom.

Under sin livstid uppmärksammades Schalcken för sin skickliga förmåga att måla av människor i levande ljus. Det finns många målningar av Schalcken där vi ser män och kvinnor som står i förgrunden och håller i ett stearinljus. Ljuset från lågan lyser upp deras ansikten på ett livfullt sätt medan omgivningen och bakgrunden ligger försänkt i mörker. Att skapa stora kontraster mellan ljus och mörker i bilden kallas inom konsthistorien clair-obscur och var en teknik som användes flitigt under 1600-talet inom måleriet.

Någon målning som den som Le Fanus beskriver i sin novell eller som visas i BBC:s filmatisering verkar dock inte finnas bland Schalckens verk. Förmodligen har Le Fanu använt sig av flera olika målningar för att skapa en fiktiv tavla till sin berättelse. Schalckens *Ung kvinna med ljus* är ett porträtt i halvfigur av en ung kvinna som håller ett ljus i ena handen och med den andra skyddar lågan från draget. Den kan ha varit förlaga för kvinnan i förgrunden. Godfried Schalckens *Självporträtt* från 1679 är kanske förlaga till mannen i bakgrunden, och i *Självporträtt med stearinljus* (ca. 1694) ser vi det röda draperiet som återkommer i målningen från filmen. I novellen beskrivs dock draperiet som svart. Den fiktiva målningen i filmen bär dock Schalckens alla karaktärsdrag. En person i förgrunden som håller i ett levande ljus och där ljuskällan lyser upp personens ansikte medan bakgrunden ligger försänkt i dunkel.

Fader Purcell får veta att kapten Vandaels far arbetade för kung William och där träffade målaren Schalcken som själv berättade om tavlans märkliga motiv. Le Fanus använder här en autentiseringsteknik som är vanlig i gotiska berättelser. Man återberättar en "sann" historia från en "pålitlig" källa så att historien ska verka äkta för läsaren. Vandaels berättar att kvinnan på målningen är Rose Velderkaust som var brorsdotter till Gerard Dou, och Schalckens första stora kärlek. Det finns en viss sanningshalt i Vandaels uttalande. Schalcken studerade under några år för Gerard Dou som var en av Rembrandts främsta elever. Brorsdottern är nog påhittad. Schalcken gifte sig 1691 med Françoise van Diemen och året därpå reste familjen till England. Man bodde på Windsors slott där Schalcken hade i uppdrag att måla kung Williams porträtt och många andra av Englands aristokrater. En sysselsättning som gjorde honom till en rik man. Påståendet om att kapten Vandaels far skulle ha träffat Schalcken när han arbetade för kung Williams hov och då berättat historien om tavlan är alltså historiskt möjlig.

Efter denna historiska förankring som bevisar berättelsens "sanningshalt" börjar kapten Vandaels berätta för fader Purcell en obehaglig spökhistoria. Schalcken blir förälskad i den vackra och unga brorsdottern medan han går i lära hos Gerard Dou. En sen natt när han arbetar med en teckning av St. Antony som plågas av demoner utbrister han i frustration att bilden med alla dess djävlar och helgon hör hemma i helvetet. Han avbryts av ett kort skratt och när han vänder sig om ser han en främling bland skuggorna. Det är en budbärare som meddelar att Mynher Vanderhausen av Rotterdam vill träffa Gerard Dou. Nästa kväll dyker den mystiska Vanderhausen upp med ett skrin fyllt med guld och insisterar på att få gifta sig med Dous brorsdotter. Dou faller för frestelsen inför det välfyllda guldskrinet och säger ja. Är det inte rent av djävulen som Schalcken åkallat kvällen innan som nu dyker upp och frestar den svaga själen med rikedomar? Friaren visar sig nämligen vara en gammal man, välklädd och rik med ett ansikte sjukligt, ondskefullt och fruktansvärt att beskåda, som om det var besatt av demoner. Vanderhausen tar med sig Rose och de verkar sedan slukas upp av jorden. En sen kväll återvänder Rose utmattad och uppjagad. Hon begär att få en präst som skydd mot det som jagar henne. "De döda och de levande kan aldrig bli ett – Gud har förbjudit det" utbrister hon skräckslagen. Schalcken går ut ur rummet ett kort ögonblick för att hämta fler ljus men när han återvänder är Rose försvunnen. Flera år senare när Schalcken besöker Rotterdam för att begrava sin far ser han i kyrkan en kvinnogestalt i vitt linne med en lampa i handen. Schalcken känner igen flickan, det är hans stora kärlek Rose. Det är den här episoden som tavlan i början av novellen föreställer. Schalcken följer efter Rose ner i kryptan där han finner ett rum med en stor säng omgiven av svarta draperier. Rose drar undan draperierna och i ljuset från lampan ser Schalcken Vanderhausens vidriga gestalt innan han svimmar.

Le Fanus novell är kort och koncis. Som en bra spökhistoria lyckas den skapa rätt stämning och har ett slut som ligger kvar och ruvar som ett obehagligt minne i bakhuvudet när man ska försöka sova. I filmatiseringen har man dock totalt misslyckats med att återskapa den kusliga stämningen i novellen och som spökhistoria är filmen ett riktigt sömnpiller. Det som bara antyds i slutet av Le Fanus novell har man i filmen explicit framställt. Efter Rose har dragit undan draperiet tar hon av sig sin särk och kliver naken upp i sängen där hon gränslar

Vanderhausen. I förgrunden ser vi Schalcken som förtvivlat och dramatiskt lider medan hans älskade Rose i bakgrunden lustfyllt njuter av sin mans fruktansvärda kropp eller snarare lik.

Filmatiseringen av Le Fanus novell har till stor del karaktären av ett studiodrama. Det påminner mer om en film om konstnären Schalkens liv än en kuslig spökhistoria. Tempot är långsamt, dialogen begränsad och regissören verkar ha satsat mer på att skapa visuella tablåer och levande tavlor än att bygga upp en dramatisk och ruskig stämning. Den som kan lite holländsk konsthistoria kommer nog att utbrista Vermeer när han ser filmen. Interiören hos Gerard Dou är som hämtad från Vermeers målningar. Det schackrutiga golvet, känslan av att kika in i rum där personer är placerade lång bak i bilden i ljuset från ett fönster, får betraktaren att tänka på målningar som *Kökspiga som häller upp mjölk*, *Dam som står vid en cembalo* och *Astronomen*. I filmen förekommer också en del motiv hämtade från Schalckens konstverk. Bland annat får man se hur han arrangerar målningen *En scen i stearinsljussken* där en man erbjuder en flicka som sitter på en säng en guldkedja och mynt. Regissören har dock haft en förkärlek för det erotiska och filmen visar även scener där Schalcken målar av halvnakna modeller, ett motiv som inte återfinns bland hans bevarade verk. Förmodligen ville man precis som i slutet av filmen skapa lite extra krydda till en annars torftig historia.

Godfried Schalcken är idag okänd för de flesta. Han var dock för sin tid en mycket framgångsrik konstnär och han hade en mästerlig penselföring när det gällde att skildra människor i skenet från stearinljus. Förmodligen skulle han helt fallit i glömska hos allmänheten om det inte vore före Le Fanus novell och BBC:s filmatisering. Schalcken förtjänar dock ett bättre öde än att bli ihågkommen som en karaktär i en gotisk novell eller som en tråkig huvudperson i ett stelt drama med skräckerotiska undertoner. Så kära läsare, rädda Schalcken från detta trista öde och återupptäck honom i ljuset från ett brinnande stearinljus.